AF361079

DE LA CONSTRUCTION

ET DE L'EXPLOITATION

DES CHEMINS DE FER.

DE LA
CONSTRUCTION
ET DE
L'EXPLOITATION
DES CHEMINS DE FER
EN FRANCE;

PAR **P. DENIEL**, INGÉNIEUR CIVIL.

PARIS,

LIBRAIRIE SCIENTIFIQUE - INDUSTRIELLE

DE **L. MATHIAS** (AUGUSTIN),

Quai Malaquais, 15 :

TROYES,

ANNER-ANDRÉ, LIBRAIRE-ÉDITEUR,

Place de l'Hôtel-de-Ville, 5 et 7.

OCTOBRE 1845.

PRÉLIMINAIRES. — RÉSUMÉ HISTORIQUE.

Au moment où l'on s'occupe activement de tracer sur la carte de notre territoire, et dans toutes les directions, des lignes figurant les rail-ways dont un jour notre pays sera doté, nous avons pensé que l'on ne devait négliger aucun moyen, aucune occasion d'éclairer le gouvernement et l'opinion publique sur les résultats probables de la construction d'un réseau de chemins de fer en France. Nous nous estimerons heureux si nos études sur cette question déterminent à entreprendre de nouvelles recherches sur les voies de communication qui doivent relier ensemble les principales villes de France. Nous ne pouvons croire que le dernier mot soit dit sur les conditions des tracés, conditions qui rendent la construction des rail-ways très-onéreuse et même impossible dans certains cas. Nous n'ignorons pas que, pris d'une manière absolue, le meilleur tracé de route ou de chemin de fer, entre deux points donnés, est à la fois le plus court et celui qui présente les pentes les moins raides ; mais il est des cas, et tous les hommes de l'art le savent, où cette loi absolue doit fléchir devant des considérations d'un ordre élevé. Ainsi, le problème de la construction d'un chemin de fer doit être posé ainsi : Établir entre deux villes données, le chemin qui permettra de transporter de l'une à l'autre, et pour le moindre prix possible, les voyageurs et les marchandises, tout en ayant égard à la sûreté des voyageurs, à leur dépense en *temps* et en *argent,* et aux changements qui peuvent survenir dans l'économie publique du pays, par suite de la construction de ce chemin.

C'est là le principe qui nous a guidé dans les études que nous nous proposons de développer et dans lesquelles nous nous sommes inspiré des opinions émises par des hommes éminents dans la science et des résultats constatés par l'expérience.

Nous diviserons ces études en deux parties : Dans la première partie nous exposerons la série des faits dont est sortie l'industrie des chemins de fer et la loi que subit cette industrie. La seconde partie sera consacrée au développement de quelques idées que nous croyons propres à hâter le perfectionnement de ces nouvelles voies de communication.

Mais avant d'entrer en matière, nous croyons utile, pour faciliter l'intelligence de notre travail, de mettre sous les yeux du lecteur un résumé succinct de l'histoire des chemins de fer.

La première idée de la construction des chemins de fer n'est pas très-ancienne, si on les considère seulement comme un moyen de transporter les hommes et les choses avec une vitesse que l'organisation animale ne permet d'atteindre en aucun pays. Mais bien que ce dernier aspect constitue une ère toute nouvelle dans l'industrie de ces chemins, il faut remonter à cent quarante ans pour trouver le germe de leur invention.

C'est vers 1700 en effet que l'on commença à s'apercevoir dans les exploitations des mines de houille de Newcastel que les frais de transport des produits, jusqu'à la rivière de la Tyne, étaient considérables, à cause du mauvais état des chemins. On imagina alors de placer sur la ligne parcourue par les chariots faisant le service des mines, deux rangées de pièces de bois, qui eurent l'avantage de diminuer la résistance opposée à la traction et par conséquent les frais de transport. Les chemins de bois servirent ainsi de transition entre les chemins empierrés et les chemins de fer. Toutefois, ces chemins de transition ne furent pas de longue durée. Les pièces de bois s'usant trop vite furent bientôt recouvertes de bandes de fer plat sur lesquelles les chariots purent rouler encore plus facilement que sur les pièces de bois. On arriva de cette façon à réduire considérablement les frais de halage, c'est-à-dire à les rendre le dixième peut-être de ce qu'ils étaient précédemment. Bientôt enfin on supprima complètement le bois sous les bandes de fer, et celles-ci se transformèrent en rails de fonte, et plus tard encore en rails de fer. Ces rails furent fixés dans de grosses pierres placées de distance en distance, puis on interposa des coussinets ou *chairs* en fonte entre les rails et les blocs de pierre. Dans les pays où le bois était à bas prix, les blocs de pierre furent remplacés par des traverses de bois, et enfin tout récemment on en est revenu à la première idée de mettre sous les rails deux rangées continues de pièces de bois.

Certes, avant que l'on eût songé en Angleterre à faire rouler les chariots sur deux rangées de pièces de bois, on avait employé le même moyen de temps immémorial dans le transport à petite distance des gros blocs de pierre et des matières assez lourdes pour ne pouvoir être traînées sur le sol ordinaire ; mais ces moyens ne constituaient pas un système : tandis que du jour où des chemins de bois furent établis d'une manière permanente, on s'est trouvé sur la voie de l'invention des chemins de fer, qui en effet n'ont plus tardé à remplacer les premiers.

Les chemins de fer restèrent pour bien dire en enfance pendant un siècle. Ils servaient très-utilement à l'exploitation des mines. Mais le but qu'on s'était proposé avait été de faire qu'un cheval pût traîner sur ces chemins une charge beaucoup plus considérable que sur les routes empierrées, et ce but une fois atteint, l'esprit d'invention se reposa.

Ce fut seulement vers 1806 que Trevithick, ingénieur anglais du plus grand mérite, essaya de remplacer la force du cheval, jusqu'alors employée au

halage sur les chemins de fer, par une machine locomotive à vapeur, qui, portée par les rails du chemin, devait tout à la fois se mouvoir d'elle-même
sur ces rails et remorquer des chariots chargés de
houille. Le succès ne couronna pas les efforts de l'ingénieur, et, de faits assez mal observés, on conclut
qu'une locomotive ne pourrait sur un chemin de
fer avoir un mouvement de progression, en traînant
après elle un fardeau suffisant, à moins qu'un des
rails de ce chemin ne fût muni latéralement de dents
avec lesquelles pût engrener une roue dentée mise en
mouvement par la machine. On imitait ainsi le cric,
à cela près que la crémaillère devenait immobile, et
que c'était le pignon qui changeait de place.

Cette idée due à M. Blinkinsop valut quelques succès à son auteur. Cependant on reconnut bientôt que
ce système d'engrènement n'était pas nécessaire ; que
la force d'adhérence qui existe entre deux corps sup-
perposés et que l'on veut faire glisser l'un sur l'autre, était assez forte entre les roues de la locomotive
et les rails, pour qu'en appliquant directement la
force motrice à ces roues on pût obtenir le même
effet. On reconnut encore qu'il y avait certaines relations à établir entre le poids de la machine, sa force
et la charge à traîner. C'était faute d'avoir établi cette
relation que l'ingénieur Trevithick avait échoué quelques années auparavant.

Alors on fit des machines locomotives qui luttèrent
de vitesse avec les chevaux en faisant un service
utile ; mais ces machines construites exactement sur

le principe et la forme des machines ordinaires à haute pression, étaient lourdes comparativement à leur force. Ainsi, les plus grandes atteignaient à peine la puissance de huit chevaux.

Si l'on ne fit pas alors des machines à vapeur qui pussent donner sur les chemins de fer les bons résultats que fournissaient les machines stationnaires, ce n'était pas que l'on ignorât les causes auxquelles étaient dus ces résultats et les modifications que pouvaient subir les machines fixes. On savait alors comme aujourd'hui qu'on pouvait obtenir un tirage suffisant dans un foyer de combustion, au moyen d'une cheminée très-peu élevée ; mais on savait aussi que pour brûler un kilogramme de houille capable de transformer cinq kilogrammes d'eau en vapeur dans les fourneaux ordinaires, la section de la cheminée devait avoir un tiers de décimètre carré : ou qu'enfin rapportée à la production de la vapeur, cette section devait avoir un quinzième de décimètre carré par kilogramme de vapeur produite. Et comme les cheminées des locomotives ne peuvent même pas atteindre la hauteur d'environ huit mètres nécessaires pour obtenir ce résultat dans les fourneaux ordinaires, on dut reconnaître immédiatement que la section de cette cheminée et des conduits qui y mènent les gaz et l'air chaud, ne pouvaient avoir moins d'un dixième de décimètre carré par kilogramme de vapeur à produire. Enfin, comme il existe entre la section de la cheminée, la surface de la grille et la surface chauffée, un rapport indispensable pour obtenir le meilleur effet, il en résultait que la grille devait avoir une surface d'un quart de décimètre par kilogramme de vapeur, et la surface chauffée quatre décimètres carrés.

On s'était autant que possible rapproché de ces conditions dans les machines locomotives construites jusqu'alors. Le plus souvent un tuyau intérieur recourbé deux ou trois fois sur lui-même conduisait l'air chaud de la grille à la cheminée. Mais ce tuyau, nécessairement fort court, avait peu de surface chauffée, et ne dépouillait pas assez la colonne d'air chaud de la chaleur qu'elle avait prise au foyer. Le résultat était mauvais.

En 1828, l'art de la construction des locomotives fit un pas. M. Seguin aîné prit en France un brevet d'invention pour une locomotive à chaudière tubulaire, dans laquelle un grand nombre de tuyaux établissaient une communication directe entre la cheminée et le foyer. Cette disposition avantageuse sous certains rapports, en ce qu'elle permettait de resserrer dans un petit espace une surface de chauffage considérable, était défectueuse en ce que la section des conduits de l'air chaud n'était pas en rapport avec la surface chauffée.

En effet, dans les chaudières de cette espèce la section de tous les tuyaux de conduite d'air qui devrait avoir 1/40 au moins de la surface de chauffage dans les circonstances ordinaires de la production de la vapeur dans les chaudières, n'a guère que 1/260 de cette surface, encore cette section est-elle réduite à 1/400 aux extrémités. Et comme la résistance de l'air croît en raison du carré de la vitesse, et que cette vitesse devient dix fois plus grande, il faut, pour opérer dans cet appareil le tirage nécessaire à une combustion ordinaire, cent fois plus de force aspirative que dans les appareils généralement en usage. M. Seguin établit au reste un aspirateur mécanique qui n'eut pas un succès complet.

Voilà où en était en 1829 l'industrie des nouvelles voies de communication, lorsque la compagnie concessionnaire du chemin de Liverpool eut l'heureuse pensée d'ouvrir un concours pour les machines locomotives. Les conditions étaient, que l'appareil fût porté par des ressorts; que son poids ne dépassât pas quatre tonnes et demie tout compris, et qu'il pût remorquer trois fois et demi son propre poids avec une vitesse de quatre lieues à l'heure, sur une partie du chemin qui était à peu près horizontale.

Certes aujourd'hui que ce modeste programme est si prodigieusement dépassé par des faits connus de tout le monde, on ne comprend pas trop comment le progrès demandé par cette société de spéculateurs a paru au-dessus des prévisions des constructeurs de l'époque, et comment on a pu dire qu'il était au moins très-audacieux d'en entreprendre la réalisation. Il fallait pour résoudre le problème sortir du cercle des idées qui étaient comme la monnaie courante de l'art de la construction des machines à vapeur.

Mais ces spéculateurs savaient sans doute qu'en poussant l'armée nombreuse et ardente des travailleurs dans une nouvelle direction, il y avait lieu d'espérer une moisson féconde pour les progrès de l'esprit humain. Ils savaient qu'il y a ainsi des moments de bonheur dans cette grande synthèse de l'intelligence, où un progrès inattendu est l'effet du hasard.

Aussi ne fallut-il rien moins qu'une de ces heureuses inspirations qui sont du reste le propre du génie et qui font que le génie échappe à l'analyse, il ne fallut rien moins qu'une de ces inspirations, pour que le concours de Liverpool ne restât pas sans effet. Cependant M. Stephenson vint, et la machine locomotive à grande vitesse fut inventée.

Que fit pourtant M. Stephenson? Il prit l'invention de M. Seguin et lui donna la vie. Notre compatriote fut l'artiste habile qui cisela le nouveau coursier de fer et de feu, mais l'ingénieur anglais fut le génie bienfaisant qui lui mit le souffle dans la poitrine. La constitution organique du nouvel être ne lui donnait pas la force de respirer. Son second inventeur le doua d'une force aspirative cent fois plus puissante que celle produite par les hautes cheminées, et bientôt le jeu régulier de ses organes annonça que l'enfant était né viable. Toute la différence de principe entre la locomotive de M. Seguin et celle de M. Stephenson consistait en ce que, dans cette dernière, la vapeur convenablement dirigée à sa sortie du cylindre où elle avait produit son action sur le piston, déterminait dans la cheminée un vide partiel de l'air, qui à l'instant était rempli par une nouvelle quantité d'air venu à travers le combustible, en vertu de la loi de l'équilibre des fluides. Ce fut une véritable respiration continuelle.

Puis, en très-peu d'années, on vit l'invention rompre les entraves du programme. La vitesse fut doublée, le poids décuplé. Et lorsqu'il plut à une main habile de tenir les rênes du coursier qui venait de sortir du cerveau d'un homme, de le lancer sans frein, on le vit bondir sur la voie et voler dans l'espace avec une vitesse que l'imagination avait peine à comprendre. De cette époque date la nouvelle ère des chemins de fer.

On se rappelle encore ces bulletins qui nous arrivaient avec les journaux de Londres. C'était chaque jour un nouveau succès à enregistrer, un nouveau phénomène en mécanique qui déroutait nos plus habiles ingénieurs. Et tandis que de l'autre côté de la Manche les faits étaient palpables pour tous, chez nous l'on se refusait de croire à ces relations qui paraissaient empreintes d'exagération. Peut-on dire toutefois que la locomotive actuelle a complètement résolu le problème de la locomotion sur les chemins de fer?

Nous ne le pensons pas, puisque cette machine ne se prête pas à toutes les exigences de tracé des chemins; puisqu'à mesure qu'elle accélère sa vitesse, sa puissance diminue, et qu'on peut dire qu'elle a la courte haleine, comme un cheval de course; puisque son emploi n'est pas complètement à l'abri de tous

les dangers qui peuvent être prévus par la science ;
enfin, puisqu'en traînant une même charge dans diverses circonstances, elle ne fait pas une dépense
de vapeur en rapport avec la quantité de travail à
exécuter.

Nous reviendrons sur cette question et nous démontrerons que le principe de la machine ordinaire
à haute pression, détente et condensative, peut aussi
s'appliquer aux locomotives des chemins de fer, avec
plus d'avantage que le principe maintenant adopté
pour ces dernières.

Nous allons examiner auparavant les conditions
que l'emploi raisonné de cette locomotive impose
aux tracés de chemins de fer et à leur exploitation,
et l'on verra combien la solution incomplète d'un
problème peut avoir de conséquences fâcheuses dans
l'application.

Nous exposerons ensuite les motifs qui nous font
croire qu'un progrès est devenu indispensable dans
la science des chemins de fer, et que ce progrès est
possible. Cette exposition sera aride comme l'est toujours le langage des chiffres. Nous dégagerons cependant notre raisonnement des subtilités analytiques
qui n'auraient d'autre utilité que de saisir des nuances scientifiques dont la pratique fait trop souvent
justice.

La première partie de notre travail contiendra les
résultats fournis aujourd'hui par les chemins de fer.
Dans la seconde partie nous démontrerons, au moyen
d'hypothèses il est vrai, mais d'hypothèses que l'on

reconnaîtra n'être pas dénuées de fondement, que la question des chemins de fer peut recevoir une solution plus avantageuse dans son application que celle acceptée jusqu'à ce jour et surtout plus féconde en perfectionnements. Il est évident que nous arriverons ainsi à combattre le principe de la locomotive actuellement en usage ; mais nous n'en dirons que ce qu'en pense tout homme qui l'a étudiée. Au milieu d'excellentes qualités, dues surtout à l'habileté de ses inventeurs et à la perfection de ses détails, on peut lui reprocher des défauts ou plutôt des vices radicaux, parce qu'ils tiennent au principe même de son existence.

DE LA CONSTRUCTION

ET DE

L'EXPLOITATION

DES CHEMINS DE FER

EN FRANCE.

PREMIÈRE PARTIE.

ÉTAT ACTUEL DE L'INDUSTRIE DES CHEMINS DE FER.

CHAPITRE Ier.

De la locomotion sur les Chemins de Fer.

---

§ Ier. — *Considérations générales sur la locomotion.*

Le déplacement des corps, quel que soit le milieu dans lequel ils se trouvent et le véhicule employé, ne peut avoir lieu sans qu'auparavant ont ait vaincu toutes les résistances qui s'opposent au mouvement. Ces résistances sont de natures diverses, et le perfectionnement des voies de communication a toujours eu pour but de les réduire le plus possible. Ainsi, quand aux traîneaux on a substitué les voitures à roues; quand aux chemins frayés à travers les champs, sans art et sans soin, on a substitué des chemins tracés dans de meilleures conditions, avec des pentes moins fortes et dont le fond était formé par des blocs de pierres qui étaient comme la fondation du chemin ; quand ces routes à gros matériaux ont été remplacées par des routes à petits matériaux, dites à la Mac-Adam, ou par des pavés de grès ; quand enfin ces deux systèmes de voie de communication sont à certains égards abandonnés pour les canaux ou les chemins de fer, le but qu'on s'est proposé et qu'on se proposera toujours a été et sera de diminuer la somme des résistances au mouvement. En dernière analyse, l'objet de la construction des voies de communication a été chez tous les peuples de faciliter le déplacement des hommes et des choses, en combinant ensemble la vitesse et le prix du transport. Par conséquent, chaque fois que l'on a voulu réaliser un progrès on a dû d'abord s'enquérir des causes qui s'opposaient à une célérité plus grande ou à une diminution de prix. C'est ainsi que successivement certains animaux ont été employés à porter à dos des fardeaux, puis à les traîner ; d'abord lentement, ensuite plus vite ; d'abord sur les routes, ensuite sur les canaux ; et chaque changement dans les habitudes a été la conséquence non pas seulement d'une découverte ou d'une invention, mais encore du besoin pressant qu'avait la société de s'étendre davantage, en vertu de la puissance prodigieuse d'expansion dont elle est douée. On peut donc dire que le perfectionnement des voies de communication d'un peuple est un indice certain des progrès de sa civilisation. L'esprit d'invention isolé ne pourrait seul commander ces transformations. Avant de revêtir une forme saisissable, les innovations doivent en quelque sorte circuler dans la société à l'état de germe.

La société pressent donc ses besoins long-temps à l'avance, le génie développe les moyens de les satisfaire, et la sagesse applique ces moyens en temps convenable. Aussi voit-on le progrès marcher à pas lents malgré les avertissements de quelques esprits aventureux, malgré les essais hardis de quelques spéculateurs avides, malgré la prévision où est la société elle-même, que dans un temps peu éloigné peut-être le progrès qu'elle réalise aujourd'hui sera abandonné pour celui que la science indique.

La société n'abandonne définitivement un agent ou un principe que lorsqu'elle en a tiré tout le parti imaginable. Patiente dans ses transformations, elle se rattache toujours au connu pour aller à l'inconnu; ne se débarrasse pas facilement de ses préjugés, et n'oublie pas vite ses préceptes. Dans l'ordre matériel, comme dans l'ordre moral, dans la science comme dans la politique, elle marche par secousse, par révolution, descendant rapidement, en quelques instants, la pente au sommet de laquelle elle a hésité des années. Alors entraînée dans son mouvement au-delà de ses prévisions et de ses besoins, elle reste quelque temps agitée jusqu'à ce qu'elle ait retrouvé l'équilibre dans lequel elle doit fournir une nouvelle période, écartant avec soin tout ce qui pourrait, avant le temps, rompre cet équilibre et préférant une douce quiétude à la lutte qui mène au succès.

On ne peut expliquer autrement l'espèce de fièvre qui s'est emparée de la société en général, depuis le jour où une heureuse audace a ouvert un nouveau champ aux applications de la vapeur. Depuis un siècle l'idée des chemins de fer fermentait dans la société. La première pensée d'appliquer la vapeur aux voitures est peut-être aussi ancienne, et pourtant rien ou presque rien n'avait été fait pour donner aux idées reçues une forme pratique. On dépensait au contraire force millions pour les routes et les canaux de navigation ; et il n'est pas certain aujourd'hui, qu'à moins de changer la destination des derniers, pour en faire des canaux d'irrigation et des biefs d'usine, ils rendent jamais des services en raison des dépenses qu'ils ont occasionnées.

Quoi qu'il en soit, l'invention des chemins de fer à grande vitesse a été pour bien dire une solution de continuité dans l'art de la construction des voies de communication. Il y a eu changement d'agent et de principe, par conséquent inexpérience, préjugé, hésitation ; application de règles surannées à un nouvel ordre de choses ; appréciation des effets d'un nouvel agent par induction, et finalement agitation violente, et oubli momentané des lois fondamentales de l'industrie des transports.

Ainsi l'on voit par l'abus le plus étrange des ressources sociales, appliquer la grande vitesse aux produits qui demandent plutôt une diminution de frais de déplacement, et restreindre cette même vitesse pour l'échange de la pensée. Ainsi, en France, en Angleterre, en Allemagne, partout enfin où il existe des chemins de fer, il est telles villes qui peuvent échanger une balle de coton, en moitié moins de temps qu'il n'en faut pour recevoir une lettre ! Et la rémunération du service rendu à un homme ou à une matière par sa mise en rapport avec les agents qui lui donnent une valeur, comment est-elle déterminée ? Tandis que la plus petite fraction du service des transports sur les routes ordinaires est classée d'après la dépense qu'elle occasionne, que le salaire est réglé sur cette dépense, l'on voit au contraire l'oubli le plus complet de ces éléments d'économie sociale percer dans la fixation de la plupart des tarifs des chemins de fer. C'est que la libre concurrence qui oblige de calculer les plus minimes dépenses, la concurrence qui stimule l'activité et l'esprit inventif des entrepreneurs, la concurrence enfin qui fait rechercher les plus petites chances de gain avec patience et ténacité, ne préside pas malheureusement à l'exploitation des chemins de fer. C'est qu'aussi dans ces vastes entreprises dont l'intelligence d'un seul homme ne saurait embrasser les plus petits détails, il est difficile de faire justice de ces préférences accordées par l'esprit de monopole à telle ou telle branche de service, parce qu'un concurrent mieux avisé ne vient pas profiter d'une maladresse ou d'un faux raisonnement et faire triompher la saine raison.

Est-ce à dire que l'État doive concéder plusieurs lignes parallèles de chemins de fer dans le but d'éta-

blir entre les industriels une lutte d'intérêt qui soit
profitable à la société ? Non sans doute ; mais sans
créer plusieurs lignes parallèles de fer, ne pourrait-
on imiter ce qui se passe sur les routes ordinaires ?
L'État est en réalité l'entrepreneur de nos grandes routes, et chaque particulier qui veut y faire circuler des voitures, lui paie une redevance. Ce système vaut bien celui de l'aliénation au profit d'une
compagnie d'une partie de la propriété publique
aussi importante que celle des voies de communication. Car en supposant que la redevance à payer à
l'État dût rester fixe, quelle que fût la circulation sur
un rail-way, ce qui n'est pas nécessaire, la concurrence s'exerçant sur le service des transports, porterait rapidement ce service au plus haut degré de
perfection, et la société y gagnerait. Il est vrai que,
pour qu'il soit permis d'espérer un tel résultat, il faut
démontrer la possibilité d'un service multiple sur les
chemins de fer comme sur les routes ordinaires, sans
que les chances d'accident en soient multipliées, et
sans que la régularité du service ait à en souffrir.
Aussi verra-t-on dans la deuxième partie de ce travail
que l'établissement d'un service de ce genre ressor-
tirait tout naturellement de certains perfectionnements dans la locomotive, comme le système du monopole est sorti de l'invention primitive.

Quoi qu'il en soit, il faut distinguer deux choses
dans la création des voies de communication :

D'abord le *tracé* et l'*exécution* de la voie pour
lesquels un gouvernement ne doit pas seulement con-
sulter les chances de bénéfice, mais encore considé-

rer les ressources qu'il crée pour l'avenir ; — puis *l'exploitation* qui devra être ingénieuse à se plier aux besoins généraux de la société et à satisfaire même ses fantaisies. Le premier rôle appartient à un gouvernement riche et fort, le second ne convient qu'à des particuliers.

Le tracé des voies de communication étant fait en vue du meilleur emploi des moteurs destinés à les desservir et de la plus grande économie des ressources publiques, considérations d'économie politique à la hauteur desquelles un gouvernement peut seul s'élever ; il ne reste plus à rechercher dans la locomotion que la vitesse convenant à différents cas donnés. C'est alors que l'on voit, par une succession ordinairement rapide de tentatives dirigées avec sagacité et persévérance, surgir de la libre concurrence des moyens auxquels on n'avait pas d'abord songé et que le monopole aurait difficilement enfantés. Alors chaque manifestation d'un besoin nouveau trouve un esprit patient qui se voue à la recherche des moyens propres à lui donner satisfaction. Et dans l'industrie des transports, par exemple, on voit les objets se classer suivant leur poids et leur valeur, et à chaque classe correspondre un moyen, un véhicule, une vitesse qui n'appartiennent pas aux autres. Ainsi les marchandises de poids et de peu de valeur feront trois kilomètres à l'heure sur les canaux, là où elles trouveront cette voie économique. Là où cette voie n'existera pas, ces marchandises resteront enfouies dans le sol. Sur les routes ordinaires le roulage accéléré transportera à la vitesse de $4/5$ de lieue à l'heure, les produits manufacturés et certaines matières premières. Enfin les diligences feront deux lieues et demie à l'heure, et là poste quatre lieues. Mais le monopole pouvait seul imaginer de faire voyager sur les chemins de fer les voyageurs de toutes classes et les marchandises de toutes espèces à une vitesse commune, se contentant d'établir une distinction dans la forme des véhicules.

§ II. — *Des résistances opposées à la locomotion.*

Le tracé d'une route doit être soumis à des lois ayant leur cause déterminante dans la nature du moteur à y employer ; et, en général, il faut maintenir la balance entre les frais que l'on peut appeler les inconvénients de la construction, et l'économie des transports qui représente les avantages de la route.

Lorsqu'il s'agit de la construction des chemins de fer à grande vitesse, sur lesquels on est obligé d'avoir recours à des moteurs inanimés, il convient d'avoir égard au mode d'action de ces moteurs pour les mettre dans les meilleures conditions de travail. Et si l'on s'écarte de ces meilleures conditions, il faut que cet oubli des règles de la locomotion, soit motivé par une économie dans les frais d'établissement, qui rétablisse la balance. Il faut aussi se garder d'une perfection prématurée dans les instruments de travail d'un peuple, et les voies de communication ne sont pas autre chose, car la perfection est coûteuse et l'on peut, en voulant l'atteindre, tarir les sources de la prospérité publique.

Nous concevons que l'on rectifie aujourd'hui les tracés de nos grandes routes pour en diminuer les pentes en allongeant le parcours; mais nous concevons aussi que nos pères aient construit ces routes suivant la plus courte distance, en acceptant des pentes plus fortes. La dépense se trouvait ainsi en proportion avec leurs ressources financières, et ce système de viabilité correspondait aux besoins de l'époque. Certes s'ils avaient tout d'abord exécuté leurs routes comme nous les voulons aujourd'hui, nous n'aurions pas à les refaire; mais les dépenses plus grandes dans lesquelles ils auraient été entraînés, auraient détourné infructueusement une partie des capitaux du pays, et la marche du progrès s'en serait ressentie.

Nous croyons donc que ce serait agir sagement que d'imiter nos devanciers, en restreignant la perfection des chemins de fer à la mesure de nos besoins; et sans nier les avantages absolus de cette perfection, nous ne pensons pas qu'elle puisse nous procurer des bénéfices en rapport avec les sacrifices qu'elle impose.

Les partisans des chemins de niveau disent, avec quelque apparence de raison, que, même après les perfectionnements introduits dans les routes ordinaires, ces routes présentent encore des entraves au commerce des transports. Si les montées se font sur des rampes de cinq centièmes d'inclinaison, le travail des chevaux sur les voitures est plus que le double de ce qu'il est dans les parties de niveau. Ils ont en outre à élever leur propre poids. Par conséquent ils vont plus lentement et fatiguent davantage dans ces montées. Si les rampes sont plus fortes, les conditions de travail changent dans un rapport encore plus grand, et il faut avoir recours aux chevaux de renfort pour le roulage, ou se résigner à diminuer la charge beaucoup au-dessous de celle que l'attelage peut traîner sur un chemin horizontal; et cette charge est nécessairement déjà diminuée par l'introduction d'une pente plus forte, sur un point particulier du tracé que sur le reste.

Quant aux voitures traînées au grand trot, elles diminuent beaucoup de vitesse dans ces passages, et la vitesse moyenne en est notablement affectée. On conçoit qu'il y a telle montée, par exemple, qu'un cheval ne peut gravir, même sans charge. Par conséquent plus on approche de cette limite, plus on diminue l'effet utile du moteur animé, dont le maximum, pris d'une manière absolue, est donné par son travail sur un chemin horizontal.

Faut-il, en suivant les mêmes errements dans la construction des chemins de fer, perpétuer les entraves du commerce?

M. Edmond Teisserenc, celui des ingénieurs qui a le mieux étudié l'exploitation des chemins de fer, répond à cette objection dans son dernier rapport adressé à M. le ministre des travaux publics, en comparant les frais d'exploitation de plusieurs chemins sur lesquels les pentes varient du simple au décuple. La dépense de locomotion paraît peu modifiée par les inflexions du tracé ; mais, chose étrange, le minimum de dépense appartient aux chemins qui renferment le maximum de pente.

Quoi qu'il en soit, le mode de travail du moteur employé sur les routes ordinaires, joint aux considérations d'économie publique qui obligent à créer des instruments d'une perfection en rapport avec les besoins d'un peuple, a sans doute fait proscrire, sur les routes ordinaires, les pentes excédant cinq centièmes d'inclinaison.

Puis quand l'expérience a démontré que le frottement des véhicules en usage sur les chemins de fer n'était que le dixième du frottement des voitures sur les routes empierrées, on a sans doute conclu à la réduction des pentes sur ces chemins au dixième de ce qu'elles étaient sur les routes ordinaires. Et l'on a été conséquent.

On a été conséquent, parce qu'en considérant sur ces nouveaux chemins le travail du moteur animé employé sur les routes ordinaires, on reconnaît que les conditions de travail avec des pentes de cinq millièmes sont les mêmes que sur les routes avec des pentes de cinq centièmes. C'est-à-dire qu'au delà de cette limite, il faut recourir, pour le roulage exécuté avec lenteur, à des chevaux de renfort, et pour le transport plus accéléré à une diminution notable de vitesse, également préjudiciable pour le résultat final.

On a été conséquent, parce qu'en considérant le moteur inanimé maintenant en usage sur les chemins de fer, on reconnaît que les conditions de travail sont pour lui les mêmes que pour le moteur animé. Les mêmes phénomènes se reproduisent dans une échelle différente des vitesses de mouvement. Jusqu'à présent l'on n'a jamais songé à l'introduction, dans les tracés de ces chemins, de pentes plus fortes que cinq millièmes, sans reconnaître qu'alors on devrait avoir recours à une locomotive de renfort. L'emploi de cette locomotive qui resterait constamment en feu au bas de la rampe et augmenterait les frais de transport d'une manière notable, dans les longues lignes surtout, a été le seul motif allégué pour rejeter ces pentes. Il est vrai que les résultats constatés par M. Teisserenc détruisent ces craintes; mais ils démontrent en même temps l'imperfection du moteur en usage, puisqu'il n'y a nulle économie à espérer pour le prix des sacrifices faits dans le but de faciliter son travail.

Nous allons examiner quel est le travail de la locomotive dans l'acte des transports sur les chemins de fer.

La force de traction des locomoteurs sur les chemins de fer a pour objet, comme sur les routes ordinaires, de vaincre la résistance opposée par les diligences et les wagons à leur mouvement de progression, plus les résistances présentées par le locomoteur lui-même s'il est inanimé et porté par les rails. C'est le cas que nous considérons ici.

Or ces résistances sont de deux sortes pour les diligences et les wagons parcourant un chemin droit et de niveau : 1° la résistance provenant du frottement des essieux dans les collets et des roues sur les rails, résistance qui est proportionnelle au poids des chariots ; 2° la résistance due à l'action de l'air et qui est proportionnelle au carré de sa vitesse combinée avec celle du convoi. Pour la machine locomotive, ces résistances sont de quatre sortes, dans les mêmes conditions du chemin : 1° la résistance de la voiture, résistance de même espèce que celle des wagons et qui est comme celle-ci proportionnelle au poids ; 2° les résistances passives propres au mécanisme ; 3° la résistance due à l'effort même exercé par la machine pour le halage de la voiture locomotive et des wagons ; 4° enfin la résistance de l'air.

Ces différentes résistances sont aujourd'hui bien connues, grâce aux expériences de M. le comte de Pambour (1). Celle due au frottement des essieux et des roues des wagons, des diligences et de la voiture même de la locomotive, a pour mesure 1/333 de leur propre poids, c'est-à-dire du poids total mis en mouvement, chargement compris. Les résistances passives propres au mécanisme peuvent être estimées moyennement à 24 kilogrammes. La résistance proportionnelle due à l'effet du tirage de tout le train,

______

(1) Traité théorique et pratique des machines locomotives.

est le sixième de la résistance même de ce train et par conséquent 1/2000 de son poids. Enfin la résistance de l'air qui varie avec la vitesse de progression du train sur la voie et avec le nombre de voitures dont il est composé est égale à kilog. 0, 0051 par mètre carré de surface, présenté par le train à la résistance directe de l'air avec une vitesse combinée d'un kilomètre par heure. Or la surface présentée à la résistance directe de l'air par un train, est composée de la surface totale antérieure du plus haut wagon, plus d'une quantité constante pour les autres voitures, la machine elle-même et son convoi d'approvisionnement étant compris dans le nombre.

En connaissant la surface moyenne du plus haut wagon et la constante à ajouter, nous pourrons déterminer, pour tous les cas de vitesse et de système d'exploitation, l'influence de la résistance de l'air sur la locomotion des chemins de fer.

L'auteur déjà cité estime qu'au chemin de Liverpool à Manchester, dont la largeur de voie est égale à celle des chemins français, la surface résistante du plus haut wagon ou de la plus haute diligence est moyennement de mètres 6, 50, et que la constante à ajouter est d'un mètre carré pour chacune des autres voitures, si la distance qui les sépare est de mètre 0, 60 à 0, 70.

Nous sommes maintenant en mesure d'estimer le travail exécuté par une locomotive pour traîner un convoi donné à une vitesse déterminée. Mais on voit déjà que ce travail doit être une moyenne prise entre les différents cas de l'exploitation des chemins de fer, puisque la résistance de l'air sera proportionnellement moindre si le convoi est composé d'un plus grand nombre de voitures.

Le chemin de Liverpool à Manchester joignant deux villes populeuses dont l'une est le comptoir de l'autre, semble être dans les meilleures conditions pour fournir de grandes masses de marchandises et un grand nombre de voyageurs à transporter à la fois. Certes, à cet égard, si l'on en excepte les chemins-promenades des environs de Paris, les rail-ways français n'auront pas de trains aussi considérables. Cependant nous voyons que dans l'espace d'une année, du 30 juin 1833 au 30 juin 1834, il a été transporté sur ce chemin 415 747 voyageurs en 6570 voyages, ce qui ne fait que 64 voyageurs, terme moyen, pour chaque parcours. Ce chiffre suppose des trains composés de cinq voitures au moins et de six au plus, compris les voitures vides mises en plus à chaque convoi.

Pendant la même année, il a été transporté environ 152 000 tonnes de marchandises sur ce chemin, en 5 086 voyages. C'est trente tonnes par voyage. Ce poids de marchandises suppose neuf wagons chargés, à quoi l'on peut ajouter deux wagons vides pour compenser les retours sans charge ; soit en tout onze wagons.

En définitive, la moyenne du nombre de voitures, tant wagons que diligences, pour les 11 656 voyages exécutés sur le chemin de Liverpool, année 1833-34, est de huit environ. Et le poids de ces huit voitures, chargement compris, est de 32 tonnes de 1000 kilog. chacune (1).

Cependant on voit sur le chemin de Liverpool des convois de vingt et vingt-cinq voitures, et ceux-là coûtent proportionnellement beaucoup moins de frais de halage, parce qu'alors les machines développent toute leur force et qu'elles se trouvent dans les meilleures conditions d'effet utile, que d'ailleurs la résistance de l'air n'est pas proportionnelle au nombre de voitures et qu'il y a certains frais invariables.

Quoi qu'il en soit, le travail moyen d'une locomotive sur ce chemin est représenté par le poids moyen d'un convoi traîné à la vitesse moyenne, qui est de 27 kilom. à l'heure. Les convois de voyageurs font 32 kilom. ou huit lieues à l'heure, et ceux des marchandises 20 kilom. ou cinq lieues à l'heure.

Au poids du convoi il faut ajouter celui de la voiture d'approvisionnement ou tender qui est de cinq

---

(1) Sur le chemin de Liverpool, les voitures de 1re classe sont fermées, contiennent dix-huit personnes et pèsent 3700 kilog. Celles de 2e classe sont ouvertes, contiennent vingt-quatre personnes et pèsent 2260 kilog. Enfin les malles-postes pèsent 2750 kilog. et portent dix voyageurs. Les wagons pèsent tonne 1, 5 et chargent tonnes 3, 5 de marchandises. Enfin on compte qu'un voyageur pèse moyennement 66 kilog. et son bagage 12 kilog. Si l'on déduit un tiers sur le nombre des places et sur le tonnage pour les voitures vides, le poids des voitures se répartira à peu près ainsi :

	Malles-postes. . 400 kilog.	
Par voyageur.	Diligences . . . 300	
	Wagons garnis. 140	
Par tonne de marchandises. 640		

tonnes, et celui de la machine que nous estimons onze tonnes (1). Si l'on ajoute également ces deux voitures à celles qui composent un convoi moyen, on aura en dernière analyse un convoi de dix voitures du poids de 48 tonnes. D'après ce que nous avons vu plus haut, les résistances de ce convoi sur niveau se composeront :

1° de 1/333 de 48000 kilogrammes,
ou . . . . 144 kilog. 00

2° Résistances passives du méca-
nisme. 24   00

3° Résistance due au tirage du con-
voi au 1/2000 de 48000 kilog., ci. . 24   00

4° Résistance de l'air sur une surface directe de mètres 15, 50 carrés,
mue avec une vitesse de 27 kilom. à
l'heure, soit. 57   60

____

Total. 249   60

____

Et, par conséquent, toutes les résistances de ce convoi, animé d'une vitesse de 27 kilom. à l'heure, seront égales à 52 dix-millièmes de son poids. Si l'on fait abstraction de la résistance de l'air on aura pour représenter toutes les autres résistances une constante égale à 0,004 ou 1/250 du poids.

____

(1) Les machines pèsent généralement de dix à douze tonnes. Celles de huit ne sont presque plus en usage, et on en construit qui pèsent jusqu'à quinze et seize tonnes.

§ III. — *De la force employée à vaincre les résistances opposées à la locomotion.*

D'après ce que nous venons d'exposer, le travail réel exécuté par la machine à vapeur dans les conditions précédemment déterminées, est de kilog. 249, 60 transportés à 27 000 mètres de distance en une heure. Or le travail d'un cheval vapeur est égal à dix kilogrammes transportés à la même distance dans le même temps. Donc, sur niveau, la machine développe une force brute de chevaux 24, 96 et une force utile de chevaux 20, 16, déduction faite de tous les frottements de la machine.

On croit généralement que la force utilement employée sur les chemins de fer est bien plus considérable, parce qu'en effet les machines locomotives dépensent un volume de vapeur correspondant à une puissance qui varie du double au décuple, si l'on prend pour terme de comparaison la consommation des machines fixes ordinaires.

A quoi tient cette différence importante à noter, puisqu'elle attribue à la machine une puissance qui n'est pas en rapport avec la résistance à vaincre?

Cette différence tient à plusieurs causes. D'abord au soufflement perpétuel des soupapes de sûreté, soufflement dû au peu de volume du réservoir de vapeur. Puis au défaut qu'ont ces machines de primer, c'est-à-dire d'aspirer avec la vapeur une certaine quantité d'eau chaude qui est ainsi rejetée de la chaudière ; défaut qui a la même cause que le soufflement des soupapes. Enfin la grande dépense de vapeur et par conséquent de combustible faite par ces machines, est surtout occasionnée par le principe même sur lequel elles sont construites. L'emploi de la vapeur a lieu presque sans détente, et le mécanisme est tellement disposé, que la dépense qui s'en fait, croît avec la vitesse de progression dans un rapport hors de proportion avec la rapidité de la course. Ainsi, avec ces mêmes machines qui ne consomment que neuf à dix kilogrammes de coke, par heure et par cheval, à la vitesse de vingt-sept kilomètres à l'heure, on n'atteindrait la vitesse de vingt-cinq lieues à l'heure, par exemple, qu'à la condition de dépenser trente à trente-cinq kilogrammes de coke par cheval utile, c'est-à-dire six ou sept fois autant que les machines fixes les plus ordinaires, et dix à douze fois autant que celles dans lesquelles on a intérêt à économiser le combustible. Pour la vitesse de huit lieues à l'heure, imposée en France aux chemins de fer pour le transport des voyageurs, on trouve que la dépense de coke, par force de cheval, doit être de douze à treize kilogrammes.

La raison en est d'abord qu'au fur et à mesure que le mouvement s'accélère, les battements des pistons deviennent plus fréquents, et la sortie de la vapeur, qui se fait par une tuyère disposée pour déterminer une forte aspiration dans la cheminée, ayant lieu à des intervalles plus rapprochés, crée dans cette

tuyère une pression de plus en plus forte, proportionnelle au nombre des coups de piston. Cette pression
peut ainsi devenir égale à celle de l'atmosphère ; et
comme elle réagit sur les pistons en sens contraire
à leur mouvement, cette force annule une pression égale de la vapeur qui pousse les pistons en
avant.

La vapeur se forme dans la chaudière sous une
pression égale à quatre fois celle de l'atmosphère. Si
cette vapeur agit à toute pression, c'est-à-dire si elle
a la même force dans les cylindres que dans la chaudière, alors le volume dépensé étant représenté par
quatre, la force développée, pour parcourir une longueur donnée de chemin, aura pour expression le
nombre trois dans le cas d'une petite vitesse et deux
si le parcours se fait à raison de vingt-cinq lieues à
l'heure. Dans le premier cas, les pistons ont à vaincre
la seule pression de l'atmosphère. Dans le second
cas, ils ont en outre à vaincre la pression de la vapeur qui peut devenir supérieure à celle de l'atmosphère. Dans cette hypothèse qui est celle d'un chemin de niveau ou ayant une inclinaison constante et
d'une machine dont la production de la vapeur augmenterait proportionnellement à la vitesse, on voit
déjà que l'effet utile diminuerait d'un tiers, par l'effet
de la rapidité du mouvement.

Mais on admet, dans les chemins de fer, des pentes
qui ne peuvent être gravies qu'en doublant le travail
exécuté sur niveau, ce qui ne permet par conséquent,
la vitesse étant constante, de déployer sur les parties

de niveau que la moitié de la pression réduite de la
vapeur, puisque la résistance venant à doubler sur
les rampes, il faut doubler la pression utile de la vapeur pour la surmonter. Il en résulte alors une pression effective de deux atmosphères et demie sur
niveau, dans le sens du mouvement du piston, et une
pression réduite de une atmosphère et demie sur niveau lorsque la machine marche à petite vitesse, et
de une demi-atmosphère seulement lorsqu'elle par-
court vingt-cinq lieues à l'heure. Dans ce dernier
cas, l'effet utile est réduit au quart de ce qu'il est
supposé dans les circonstances les plus favorables à
l'emploi de la machine.

Bien plus, si la locomotive fait vingt-cinq lieues à
l'heure, la production de la vapeur n'augmentant pas
proportionnellement, la plus haute pression qu'elle
pourra atteindre ne sera guère que de deux atmosphères. Alors la pression réduite sur niveau sera à
peu près nulle, puisque la pression de la vapeur sur
le piston ne dépassera guère la pression de la vapeur
dans la tuyère, augmentée de celle de l'air. Cette dernière hypothèse prouve que toute machine n'est pas
propre à atteindre la grande vitesse que nous avons
prise pour exemple ; et que les pentes de cinq millièmes quelque faibles qu'elles soient, rendent cette
grande vitesse, sinon impossible, au moins fort onéreuse avec la locomotive actuelle.

En résumé, la force employée à vaincre les résistances de la locomotion sur les chemins de fer est
très-variable, et ses réductions s'opèrent en sens

inverse des variations des résistances, puisque la source de ces dernières croît avec la vitesse de progression, et que la force diminue à mesure que cette vitesse augmente.

Nous demandons pardon au lecteur d'entrer dans ces détails d'une lecture aride, mais ils étaient indispensables pour bien comprendre le travail utile de la locomotive. Une vérité ne demande pas seulement qu'on la trouve, mais il faut encore qu'on la démontre.

§ IV. — *Des frais de la locomotion sur les Chemins de Fer.*

Tout n'est pas dit sur les locomotives, quand on a défini le mode d'action de la vapeur qui rend leur usage coûteux en combustible. Leur entretien, en effet, est encore une plaie de l'exploitation des chemins de fer. Pendant l'année 1833-34 l'entretien des machines locomotives a coûté 462 000 francs au chemin de Liverpool. Le travail de toutes les machines, pendant ce temps, a consisté à parcourir 11 656 fois le chemin dans toute sa longueur.

Nous ferons d'abord observer que, dans le cas examiné, la machine à vapeur n'aurait aucun travail à faire si le convoi descendait une pente de cinquante-deux dix-millièmes, puisqu'alors le travail de la gravité serait égal à la somme des résistances du convoi. Pour monter cette pente, la machine, au contraire, dépenserait une quantité de travail double de celle qu'exigerait le convoi sur niveau. Par conséquent, pour un chemin parcouru dans les deux sens, il n'y a pas à tenir compte du travail de la gravité sur les pentes de $0^m,0052$ et au-dessous; mais au-dessus de cette inclinaison, le travail exécuté par la gravité dans les descentes ne compenserait pas évidemment celui que la machine exécuterait pour vaincre cette même gravité en montant. La vitesse du convoi étant limitée, toute la force de gravitation inutile pour atteindre cette vitesse dans la descente, devrait être épuisée au moyen des freins. Dans ces circonstances, les pentes obligent donc la machine à un surcroît de travail qui peut être représenté par un excédant de parcours sur niveau.

Or, en partant de Liverpool, il existe une rampe de $0^m,0104$ sur une longueur de $2^{kil},365$ suivie d'une pente de $0^m,0112$ sur une longueur de $2^{kil},236$. Par conséquent, en allant de Liverpool à Manchester la machine exécute sur la rampe un excédant de travail, sans compensation au retour, qui peut se mesurer par le halage du convoi à une distance de. . . . . 2 kilom. 365

En venant au contraire de Manchester, l'excédant de travail sur la pente de $0^m,0112$ représente un parcours de 2   667

Moyenne. . . . 2   516

Ainsi, sur ce chemin qui a une longueur parcourue par les locomotives de 47^{kil},150, le travail des machines est représenté par un parcours de 50 kilom. sur niveau (1).

Par conséquent, dans l'année 1833-34, toutes les machines du chemin de Liverpool ont parcouru 582800 kilom. réduits. Si elles avaient fonctionné moyennement durant douze heures par jour, minimum du temps pendant lequel une machine fixe travaille ordinairement, chaque machine aurait parcouru 118260 kilom. dans l'année, et cinq machines au lieu de vingt auraient suffi pour le service. Ces cinq machines de la force moyenne déduite plus haut, représentent une force totale de cent chevaux. Or l'entretien annuel de cette force, en machines fixes, ne coûterait pas 15000 francs. Quelque somme qu'il en coûte pour l'entretien des roues, il est évident que les frais d'entretien du mécanisme proprement dit et du fourneau, seront toujours vingt fois plus considérables que pour les machines fixes (2).

(1) Il y a souvent des machines de renfort pour monter les pentes. Nous n'en tenons pas compte ici, afin de ne pas compliquer le calcul, bien qu'il soit juste de ne pas attribuer aux machines locomotives un travail qu'elles n'exécutent pas.

(2) Depuis dix ans, de notables améliorations ont été introduites dans la construction des machines, dont les frais d'entretien paraissent être diminués de moitié. Ces frais réduits sont cependant encore dix fois plus considérables que pour les machines fixes. Toutefois ce n'est qu'avec beaucoup de circonspection qu'on peut admettre les renseignements qui circulent à cet égard dans le monde industriel. Le prix d'entretien des locomotives par kilomètre de chemin réellement parcouru, a été, sur le chemin de Liverpool à Manches-

D'où cela vient-il ? Cela vient en très-grande partie de ce qu'on n'a pu doubler dans le fourneau de ces machines la puissance vaporisatrice de l'unité de surface, qu'en élevant les parois échauffées à un degré de température qui rend le métal facilement oxydable. Il y a du reste, dans la machine elle-même, quelques pièces d'une forme défectueuse exposées à rompre fréquemment. Nous citerons, pour exemple, l'essieu coudé sur lequel est appliquée la force de la vapeur, et qui est la principale cause des évènements malheureux qui ont lieu sur les chemins de fer (1).

M. de Pambour a constaté que les frais de halage comprenant l'entretien des machines, le combustible brûlé et la conduite des trains, sont en raison directe de la vitesse des convois, du moins pour les vitesses comprises entre les limites de trois lieues et dix lieues à l'heure.

ter, année 1833-34, de 0 franc 83 c. Nous ne pensons pas que ces frais soient descendus à 0 franc 40 c. en y comprenant le renouvellement des machines. Jusqu'en 1841, les mêmes frais avaient été de 1 franc 25 c. au chemin de Versailles, rive gauche. (FRIMOT.—De la locomotion, p. 144.)

Il paraît du reste que la compagnie du chemin de Rouen a traité de l'entretien de ses machines au prix de 1 franc 10 c. par kilomètre parcouru, encore ce prix est-il augmenté de remises nombreuses pour les services imprévus. Le matériel est d'ailleurs fourni par la compagnie, et comme le traité est pour trois ans seulement, l'entrepreneur n'aura pas à faire de renouvellement de matériel.

(1) Dans quelques nouvelles locomotives on évite l'emploi de cet essieu, et plaçant les cylindres à vapeur en dehors des roues.

Aucune expérience ne prouve que la même loi ne soit pas applicable à une vitesse supérieure. Cependant nous sommes fondé à croire qu'il n'en est pas ainsi pour le combustible et l'entretien des machines dont les frais doivent augmenter dans une plus forte progression. Nous admettrons toutefois cette loi de proportionnalité comme moins favorable aux conclusions de notre travail, et nous dirons que la locomotion faite à raison de cent kilomètres à l'heure, coûte huit fois plus cher que celle faite à douze kilomètres et demi.

Il est incontestable que, même à petite vitesse, la locomotive coûte de combustible, d'entretien et de conduite, deux fois plus cher que les machines fixes ordinaires. On en peut tirer cette conséquence, c'est que la *force locomotive,* à vingt-cinq lieues de vitesse, coûte seize fois plus cher que la *force fixe* ordinaire, et trente fois plus que la même force développée dans les meilleurs appareils à vapeur connus.

⚓◦◦◦⚓

§ V. — *Dangers présentés par l'emploi de la locomotive actuelle sous le rapport des pentes.*

En présentant dans les grandes vitesses une petite force utile sous un poids assez considérable, la machine locomotive devait nécessairement entraîner dans la voie des transports à grands convois. Puis, comme suivant une loi toute naturelle, le poids de cette machine n'augmente pas proportionnellement à sa force, il en est résulté que rationnellement on a dû tendre à remorquer avec une même machine les plus grands convois possibles. De là cet entassement prodigieux de mille hommes emportés à la fois par un même moteur; de là ces trains qui mesurent 200 mètres de longueur, depuis la tête de la machine jusqu'au dernier wagon. Certes, c'était là une solution hardie du problème. Mais l'expérience a prouvé que si cette solution devait répondre un jour au besoin impérieux d'une civilisation, elle avait devancé ce besoin. A Liverpool, en effet, il y a aussi de loin en loin des convois monstres. Mais voyez la moyenne : 64 voyageurs d'une part, 30 tonnes de marchandises de l'autre; et dites si, pour atteindre cet état normal, il fallait se préparer à faire rouler sur la voie toute la population d'un royaume, toutes les matières de ses manufactures.

Dira-t-on qu'il y a des jours où cette puissance de locomotion est utile? que sans elle Paris ne fournirait pas à Versailles 40 000 âmes dans ses jours de fête? Hélas! si ces jours de fête doivent souvent se changer en jours de deuil, Dieu nous en garde! Mais ici se présente un autre aspect de cette locomotion, et c'est le moment de l'examiner à fond.

Quand un postillon lance au trot une voiture dans une descente, il se réserve le moyen de l'arrêter facilement dans le cas d'un accident imprévu. C'est là une précaution des plus vulgaires, et il faut l'exemple actuel des chemins de fer pour comprendre qu'on en soit venu à la négliger, lorsqu'il s'agit de la vie des hommes.

Pourtant que se passe-t-il quand un convoi pesant deux cents tonnes tout compris est lancé sur une descente de quatre à cinq millièmes d'inclinaison, avec une vitesse de dix lieues à l'heure ?

Si ce convoi est remorqué par deux locomotives, ce qui est l'ordinaire, il sera accompagné de deux tenders munis de frein, et deux voitures pesant chacune 5 000 kilog. en seront également pourvues. Si le conducteur du convoi sent la nécessité de l'arrêter, il aura à sa disposition, pour atteindre ce but, un frein qu'il pourra manœuvrer lui-même et qui créera une force d'inertie mesurée par l'adhérence d'un poids de 5 000 kilog. sur les rails. En outre, à des distances telles qu'il ne pourra y faire parvenir d'ordre, il y aura trois autres freins capables de créer chacun la même force d'inertie, mais qui évidemment, faute d'obéir à une même volonté, n'agiront pas simultanément. Enfin, en mettant la pression de la vapeur sur les pistons, en sens opposé au mouvement, il pourrait encore déterminer la rotation des roues motrices en sens contraire à celles des roues du convoi ; mais ce moyen serait très-dangereux, et ne pourrait servir qu'à la dernière extrémité. Nous n'en parlons donc que pour montrer la pénurie des moyens mis en usage pour éviter un danger. Cependant admettons que les freins enrayent à la fois les roues des deux tenders et des deux voitures dont le poids total est de vingt tonnes. L'adhérence créée par ces vingt tonnes sera 1,6 de 20 000 kilog. ou 3 333 kilog., dans le cas le plus favorable et en admettant que les roues ne tournent pas du tout (1). La résistance moyenne du convoi est supposée pour plus de simplicité devoir faire équilibre à la puissance créée par la gravitation.

Dans cet état de choses le convoi devra parcourir environ 360 mètres avant de s'arrêter ; mais nous ne craignons pas d'affirmer que ce résultat qui deviendrait coûteux, à cause de l'action énergique des freins, ne serait atteint par aucun mécanicien quelqu'habile qu'il fût, et le moins que l'on puisse compter de parcours avant d'arrêter le convoi, c'est 1000 mètres : ce trajet ne pourrait être effectué en moins de trois minutes.

C'est là un motif puissant pour ne pas introduire dans les chemins de fer des pentes de plus de cinq millièmes, tant que le mode d'exploitation ne pourra pas être changé. Et ce que nous avons dit ici d'un convoi de 200 tonnes est encore vrai du train de 48 tonnes du chemin de Liverpool ; car pour arrêter ce train, il n'y a qu'un seul frein, celui du tender. Seulement dans ce cas il y a un avantage marqué, puisque ce frein unique peut être placé à portée du conducteur du convoi.

Peut-être objectera-t-on que la vitesse de dix lieues que nous supposons ici donne des résultats chimé-

(1) Voir page 51.

riques, puisque la vitesse imposée aux chemins de fer n'est que de huit lieues. A cela nous répondrons que la vitesse de huit lieues est une moyenne que l'on obtient sur niveau ; mais comme le principe même de la locomotive ne permet pas d'acquérir cette vitesse dans les montées, il faut bien qu'on l'augmente dans les descentes.

Objectera-t-on encore que la vue s'étend assez loin sur les chemins de fer pour que tout obstacle imprévu puisse être aperçu à la distance d'un quart de lieue? Ceci n'est pas probable. D'ailleurs un accident qui survient dans une partie quelconque du convoi lui-même, peut causer les plus grands malheurs, s'il faut deux ou trois minutes pour arrêter la masse en mouvement. Mais il en occasionnera de moins graves ou peut-être même n'en causera-t-il pas, si le convoi peut être arrêté en une demi-minute.

Voici un fait que nous avons entendu raconter, mais dont nous ne garantissons pas l'authenticité, et qui prouverait que les obstacles imprévus mettent un convoi en péril : Georges, l'habile mécanicien du chemin de fer de Paris à Versailles, rive gauche, qui a péri dans la catastrophe du 8 mai 1842, essayait un jour une locomotive nouvellement reçue d'Angleterre; il arriva, avec une vitesse modérée, à un passage où le chemin qui devait poser sur des remblais élevés, l'était provisoirement sur une charpente. A une centaine de mètres de distance il s'aperçut qu'un rail avait été enlevé; il se crut perdu. Il avait trop peu de champ pour arrêter la machine suivie seulement de son tender. En cette situation désespérée devait-il s'arrêter? il employa le moyen contraire à celui que la raison semblait indiquer. Il lance à toute vitesse sa machine ; elle franchit, légère comme une flèche, ce passage périlleux, manquant d'appui d'un côté, et en moins de temps qu'il n'en faut pour le dire, le mécanicien laissa derrière lui le gouffre dans lequel il devait être précipité.

En résumé, la locomotive actuelle a créé l'industrie des chemins de fer telle qu'elle est. Cette machine oppose de grands obstacles à leur exécution dans les pays accidentés, et rend leur établissement très-coûteux en proscrivant les pentes au-dessus de cinq millièmes (1).

Elle met des limites restreintes à la promptitude de la circulation. Elle crée des dangers très-réels que l'on n'évite qu'au moyen d'une surveillance très-active exercée par une armée de cantoniers. Elle est d'un usage excessivement coûteux comparativement aux autres moteurs à vapeur, puisqu'elle consomme trois ou quatre fois autant de combustible, et demande dix fois autant d'entretien pour exécuter une même quantité de travail. Enfin nous verrons, en examinant

---

(1) Nous ne prétendons pas qu'on ne puisse avoir des pentes d'un centième, par exemple, à la condition de les faire très-courtes. Ces pentes seraient franchies au moyen de la vitesse initiale qu'aurait le convoi en arrivant au pied d'une rampe ajoutée à la puissance de la machine. Dans les descentes, un convoi n'aurait pas le temps d'acquérir une grande vitesse par la gravitation. Mais nous pensons que cette tolérance qui aurait bien ses inconvénients, ne serait que d'une très-faible ressource pour les tracés.

les frais d'exécution des chemins et les tarifs des transports, qu'elle ne satisfait pas non plus aux prescriptions de la loi d'économie publique, qui veut que la perfection des instruments de travail soit en rapport avec les besoins d'un peuple et même avec ceux des différentes classes.

Toutefois s'il était démontré que cette locomotive ne peut être modifiée, et qu'il fallût l'accepter avec ses défauts ou se passer de chemin de fer, nous nous soumettrions avec empressement aux charges qu'elle impose ; seulement nous saurions que le bénéfice complet des chemins de fer en France ne saurait appartenir à la génération présente.

Nous ne chercherions même pas à savoir jusqu'à quel point une économie provenant de modifications apportées dans la loi des pentes et des courbes faciliterait l'exécution des rail-ways. Il faut, lorsqu'il s'agit de transporter des voyageurs, remplir avant tout les conditions de sécurité ; or, avec le mode actuel d'exploitation, plus on augmentera les pentes et plus aussi on augmentera les dangers. L'évènement du 8 mai 1842, arrivé sur le chemin de Versailles, rive gauche, et un accident plus récent survenu au chemin de Londres à Birmingham, dont la plus grande pente parcourue par les locomotives n'est guère au-dessus de trois millièmes, prouvent bien qu'il y a là une lacune à remplir. D'aussi grandes leçons ne doivent pas demeurer infructueuses.

Dans tous les cas, on doit conclure de ces accidents que la vitesse de dix lieues environ par heure, est la plus grande que l'on puisse raisonnablement imprimer aux convois sur les chemins de fer ; au-delà de ce terme, on n'est plus maître de se diriger et de parer aux inconvénients imprévus (1).

Hâtons-nous d'ajouter que notre but n'est pas d'indiquer des bornes à la vélocité de ce nouveau moyen de transport. Nous ne répéterons pas ce qui a été écrit sur les résultats que l'on espérait d'une vitesse un peu idéale ; mais il nous paraît clairement démontré que ce n'est pas avec le système de locomotion employé jusqu'à ce jour qu'on l'atteindra d'une manière régulière et de façon que chacun puisse en user. Pourtant nous rappelant ces paroles éloquentes prononcées devant une docte assemblée : « Dans quelques années, grâce aux décou-
» vertes de Watt, tous ces Sybarites, incessamment
» poussés par la vapeur sur des chemins de fer,
» pourront visiter rapidement les différentes régions
» du royaume. Ils iront dans le même jour voir ap-
» pareiller notre escadre à Toulon, déjeûner à Mar-
» seille avec les succulents rougets de la Méditerra-
» née, plonger à midi leurs membres énervés dans
» l'eau minérale de Bagnères, et ils reviendront le
» soir par Bordeaux au bal de l'opéra (2). » Nous

(1) Sur le chemin de Londres à Bristol la vitesse ordinaire est de treize à quatorze lieues à l'heure, mais les conditions de construction et d'exploitation sont sur ce chemin différentes de celles des autres lignes, sans que du reste on y ait obtenu un résultat plus avantageux ; et, chose digne de remarque, l'excédant de vitesse correspond à un excédant proportionnel dans les frais d'établissement.

(2) Éloge de Watt, par M. Arago.

rappelant ces belles paroles, nous nous sommes dit que la très-grande vitesse sur les chemins de fer, n'est sûrement pas une chose à jamais improbable, mais que le problême reste encore à résoudre.

CHAPITRE II.

Du système actuellement suivi dans la construction des Chemins de Fer.

---

§ Ier. — *Du tracé des Chemins de Fer.*
Des pentes et des courbes.

Les ingénieurs anglais sont aujourd'hui loin d'être partisans de la coûteuse perfection qu'ils ont introduite dans la construction de quelques chemins de leur pays. On lit en effet dans le rapport de M. Stephenson sur les études du chemin de fer du nord, « que les ingénieurs peuvent différer et diffèrent en » effet d'opinion, sur le mode précis de surmonter les » difficultés naturelles qui peuvent se présenter pour » l'établissement d'un rail-way à travers une longue » étendue de pays, et qu'ils ont des opinions diffé-» rentes sur les avantages et les désavantages com-» paratifs de ce qu'on est convenu d'appeler de bon-» nes et de mauvaises pentes.

» Quoique j'apprécie, ajoute M. Stephenson, plus » que la plupart des personnes de ma profession, les » avantages ultérieurs qu'on doit à mon avis atten-» dre de l'emploi des pentes faciles, je ne puis m'em-

» pêcher de croire, et à cet égard ma conviction est
» profonde, que l'application au chemin de fer du
» nord des principes qui m'ont guidé dans la ré-
» daction du tracé du *London and Birmingham rail-*
» *way,* conduirait infailliblement à des conséquences
» également regrettables pour le gouvernement et
» pour les particuliers intéressés. »

Un autre ingénieur anglais, M. C. Vignoles, dit à propos du même chemin : « Qu'en général on trou-
» vera plus avantageux de surmonter les grandes dif-
» ficultés de terrain avec des trains plus légers ou des
» machines plus puissantes, et même au besoin à
» l'aide de l'un et de l'autre de ces deux moyens, que
» de supporter une énorme dépense de travaux de
» terrassement et de travaux d'art dans le seul but
» d'obtenir des pentes théoriquement parfaites. »

Voilà donc les tracés irréprochables condamnés par ceux mêmes qui n'ont reculé devant aucun sacrifice pour en faire l'application.

Et pourtant les conditions imposées par le gouvernement français, pour l'exécution de nos railways, doivent entraîner l'État et les compagnies dans des dépenses énormes désapprouvées par nos voisins.

Ces conditions sont telles en effet que dans un pays accidenté comme la France, il est rare de découvrir, pour asseoir un chemin de fer, un terrain convenablement disposé par la nature, ainsi que cela s'est trouvé si fréquemment en Belgique. Le plus souvent, au contraire, les tracés rencontrent dans leur développement des ravins et des contreforts, des montagnes et des vallées. Alors, si l'on veut se maintenir à la hauteur des plateaux afin de trouver un terrain plus favorable aux alignements droits et éviter les courbes multipliées, il faut jeter sur les ravins et sur les vallées des viaducs coûtant vingt ou trente fois autant que la voie en fer qu'ils supportent. Si l'on veut au contraire descendre dans les vallées pour être à portée des petits centres de population, il faut construire des ponts sur les rivières que l'on est obligé de traverser fréquemment pour remplir la condition des courbes à grands rayons séparées par des alignements droits, chose difficile dans les vallées sinueuses ; il faut percer les montagnes et les contreforts pour éviter des pentes excédant cinq millièmes, et tous ces travaux d'art coûtent dix ou quinze fois plus cher que la voie en fer d'égale longueur.

Cependant la fixation d'un maximum de pente très-peu élevé et de rayons très-grands pour les courbes, est une exigence fortement motivée par le système d'exploitation des chemins de fer, et aussi par la limite des effets produits par la locomotive.

Cette machine ne peut traîner après elle sur le rail un convoi de voiture, qu'à la condition d'adhérer par ses roues au rail lui-même.

L'adhérence des roues motrices sur les rails est, en effet, le point d'appui de la puissance. Cette adhérence s'explique par la présence sur les rails et sur les jantes des roues d'une multitude d'aspérités et de cavités qui entrent les unes dans les autres, forment une sorte d'engrènement des métaux susceptible de résister à un certain effort tendant à opérer le glissement des deux surfaces l'une sur l'autre.

Si cette adhérence n'existait pas, les roues tourneraient sur place. Il en résulterait seulement un frottement sur le rail, comme celui de la meule à aiguiser sur l'instrument tranchant. On comprend que la conséquence toute naturelle serait un usement des parties frottantes en rapport avec la rapidité des évolutions de la roue et de la charge qu'elle supporterait. Or, quand la charge à traîner par la locomotive présente une résistance plus grande que celle de l'adhérence des roues motrices, ces dernières tournent nécessairement sur place, et l'effet que nous venons d'expliquer se produit.

On comprend dès à présent que pour traîner de plus fortes charges sur un même chemin, il ne faut pas seulement une plus grande puissance de la machine, mais aussi une plus grande résistance de la part de son adhérence.

Nous allons voir que cette cause s'oppose, avec le système actuel d'exploitation, à l'introduction dans les tracés de pentes excédant cinq millièmes.

L'adhérence a pour mesure les cinq centièmes du poids adhérent, dans les circonstances les plus défavorables, c'est-à-dire les cinq centièmes du poids qui porte sur les rails par l'intermédiaire des roues motrices. On sait que ces roues sont toujours au nombre de deux pour les remorqueurs des convois de voyageurs.

Le poids moyen qu'elles supportent est aujourd'hui de 3 000 kilog. pour chacune d'elles. Il en résulte que la force d'adhérence des deux roues est 1/20 de 6 000 kilog. ou 300 kilog. dans les circonstances les moins favorables, c'est-à-dire lorsque les rails sont mouillés et boueux.

Ainsi, dans ces conditions, une locomotive du poids de dix tonnes, pesant pour six tonnes sur ses deux roues motrices, n'aurait guère que la force d'adhérence nécessaire pour traîner sur niveau le convoi moyen du chemin de Liverpool qui, ainsi que nous l'avons vu, opposait une résistance de 249 kilog. 60, à la vitesse de 27 kilom. à l'heure (1). Et comme cette résistance serait doublée sur une pente de cinq millièmes, la force d'adhérence ne suffirait pas à la vaincre et le convoi resterait en place.

Par un temps sec, la force d'adhérence est au moins trois fois plus forte et s'élève à 1 000 kilog. environ ou 1/6 du poids. En pareil cas, la machine élèverait le convoi moyen de Liverpool le long d'une rampe de quinze millièmes d'inclinaison, ou traînerait sur niveau un train du poids de 190 tonnes environ, moteur compris, si la force était suffisante.

On augmente la force d'adhérence des locomotives qui doivent traîner de grands fardeaux, en rendant les mouvements des roues solidaires au moyen de bielles. C'est exactement comme si l'on répartissait la force de la machine sur les quatre ou six roues de

(1) Page 29.

la voiture. Mais cette solidarité de mouvement a des inconvénients si graves, qu'on ne peut l'appliquer qu'à de très-petites vitesses.

Enfin la résistance présentée par une locomotive, traînant son tender seul à la vitesse de vingt lieues à l'heure, étant représentée par 240 kilog., cette machine ne pourrait gravir, dans les circonstances les plus favorables, que des pentes de quinze millièmes.

Ainsi la limite de la force d'adhérence de la puissance motrice devait nécessairement restreindre le maximum de la pente admise dans les chemins de fer, et a pu contribuer à le fixer à cinq millièmes.

On a appelé cette pente *pente normale,* parce que c'est celle où un convoi lancé à grande vitesse conserve cette vitesse sans force motrice additionnelle et sans qu'elle soit ni ralentie ni accélérée. Nous ne pensons pas que ce soit ce motif qui ait fait adopter le *maximum* de cinq millièmes. Il fallait nécessairement accepter des pentes dans les tracés ; il fallait aussi ne pas élever démesurément les prix de construction, en imposant des pentes trop faibles, et l'on a pensé que la pente adoptée était celle qui conciliait le mieux l'intérêt avec la nécessité. Quant aux pentes normales, s'il en est réellement, ce doivent être celles qui réunissent, suivant une ligne droite, deux points donnés, placés à des niveaux différents, en conservant constamment la même inclinaison. Les pentes normales varieraient donc avec chaque ligne à tracer et seraient d'autant plus fortes que la différence du niveau entre les deux points serait plus considérable eu égard à la distance à parcourir.

On voit, d'après cela, que si le terrain présentait naturellement une pente normale, et que cette pente fût au-dessus de cinq millièmes, il faudrait, pour ne pas dépasser ce maximum, allonger le tracé en le faisant serpenter sur le terrain ; cet allongement serait en raison inverse du rapport entre la pente normale et la pente prescrite, comme *maximum,* et que l'on pourrait appeler *légale.* Ainsi, la pente normale étant de deux centièmes, par exemple, le tracé devrait présenter un développement égal à quatre fois la ligne droite, la pente légale étant de cinq millièmes.

On peut dire par conséquent, avec certitude, que plus la pente légale sera faible, et plus la longueur d'un tracé de chemin de fer destiné à relier deux villes sera grande, si le terrain présente des pentes normales plus fortes que la pente légale. Ainsi, tandis que la route de poste de Paris à Lyon n'a que 460 kilom. de longueur, les études faites démontrent que le chemin de fer qui reliera ces deux villes, avec la condition de ne pas avoir de pente plus forte que cinq millièmes, allongera ce parcours de 90 à 100 kilom. ou d'un cinquième. Et qu'on ne dise pas que l'obligation de faire passer le chemin de fer par Dijon, alors que la route de poste se rapproche un peu plus de la ligne droite, soit la seule cause de cet allongement. La condition de passer par Dijon n'a été écrite dans la loi qu'après que des études multipliées, ont appris que c'était une nécessité créée par la pente légale.

En définitive, les règles à suivre dans le tracé d'un chemin de fer, comme dans le tracé d'une route, sont relatives à la locomotion et à la masse des transports. Les pentes raides fatiguent beaucoup les chevaux et retardent leur marche. Aussi n'est-il pas moins urgent de diminuer les pentes sur une route très-fréquentée que sur un chemin de fer. Mais si l'on avait un moteur tel qu'il pût déployer d'autant plus de force qu'il aurait à gravir des pentes plus raides, qu'il pût gravir ces pentes sans fatigue, et qu'il ne cessât pas de fournir tout son effet utile sur les parties de niveau, il n'y aurait plus à considérer, dans la fixation d'un maximum de pente, que la limite de celles que le moteur pourrait gravir. Il n'y aurait alors qu'à déterminer le rapport entre l'intérêt des fonds employés à la construction des chemins et les frais de traction qui seraient dépensés en pure perte, dans le cas où on élèverait les masses transportées à une hauteur dont elles auraient à descendre.

L'étude des chemins de fer considérée de ce point de vue indique que l'on doit, par tous les moyens humainement possibles, s'efforcer de porter promptement la locomotive au degré de perfection qu'elle peut être susceptible d'atteindre. En deux mots, l'étude des chemins de fer ne consiste pas seulement dans l'étude des tracés, elle consiste surtout dans la recherche du meilleur moteur à y appliquer. Or, depuis 1829, époque où la locomotive a été produite d'un seul jet, il ne paraît pas que l'on ait fait beaucoup d'efforts pour en améliorer le principe : toute la science des constructeurs s'est portée sur les perfectionnements de détail, et il faut convenir que sous ce rapport ils en ont fait une machine admirable.

L'expérience est venue au reste confirmer les craintes que pouvaient inspirer les fortes pentes avec le système actuel de locomotion. Qui ne se rappelle le terrible accident du chemin de Versailles, rive gauche? Ce n'est pas à une forte pente qu'a été dû cet accident ; mais il est évident que la quantité de mouvement dont était animé le convoi a contribué aux conséquences désastreuses qui en ont été la suite. Et bien, en adoptant des pentes de plus en plus élevées, on se rapprochera de plus en plus des conditions de cette grande quantité de mouvement qu'aucune résistance ne pouvait épuiser.

En effet, ou l'on descendra ces pentes sous la sauve-garde des freins, instruments d'un usage destructif du matériel et qui demande un personnel plus considérable ; ou bien on s'abandonnera à l'action de la gravité et l'on acquerra dans ces descentes une vitesse bien plus grande que sur les parties de niveau. Dans ces deux cas, la vie des voyageurs sera livrée à l'imprévu. Le frein n'est pas un instrument assez parfait pour qu'on puisse toujours compter sur lui.

La plupart des accidents qui ont lieu sur les routes ordinaires viennent justement de ce que la mécanique se brise. D'ailleurs, placer pour la conduite des trains un homme à chaque voiture, peut-être même à cha-

que paire de roues, serait une condition trop onéreuse pour qu'on puisse s'arrêter à cette idée.

Les pentes de cinq millièmes peuvent donc être
dans l'état actuel de la locomotive, celles qui résol-
vent le mieux le problème compliqué de la sécurité
des voyageurs et de l'économie des transports combiné avec l'influence sur la destinée des peuples du
déplacement rapide d'un capital énorme.

Quant aux rayons des courbes, qui peuvent très-
bien descendre jusqu'à 170 mètres (1) ; si l'on fixe
leur *minimum* à 500 mètres, c'est sans doute parce
qu'il serait dangereux pour un convoi tiré par une
force unique, à une vitesse de dix lieues à l'heure, de
mesurer un arc de cercle de 60 degrés, ainsi que le
ferait sur une courbe de 170 mètres de rayons, un
convoi de 750 à 800 voyageurs.

§ II. — Influence des contrepentes sur les locomotives.

Il semble, au premier abord, que les frais de locomotion sur les chemins de fer doivent être plus considérables sur les rampes que sur les parties de niveau,
et qu'ainsi l'on doit éviter dans un tracé de faire monter les convois sur la crête d'une montagne pour les
faire redescendre ensuite. La science indique au con-

(1) M. Ed. Teisserenc ; Politique des chemins de fer, page 556.

traire qu'il faut à tout prix éviter les contrepentes, c'est-à-dire d'avoir des pentes dans les deux sens. En remplissant ces conditions, on arrive au *minimum* théorique de travail dans la locomotion ; par conséquent on devrait arriver au *minimun* de frais.

Malheureusement, il n'en est pas ainsi sur les chemins de fer. M. Teisserenc, dans le rapport déjà cité, constate que les frais de traction sur les chemins de fer sont indépendants du profil de la voie et n'ont d'autre mesure que le chemin parcouru.

Cela tient aux vices radicaux que nous avons signalés dans les locomotives, et qui portent sa dépense presque toujours au *maximum,* quelque réduit que soit le travail exécuté.

Dans la pratique actuelle, les contrepentes n'ont donc aucune influence sur le chiffre de la dépense occasionnée par les locomotives.

La conclusion qui paraît ressortir naturellement de cette découverte est avantageuse à la machine actuelle, puisqu'elle semble indiquer que l'excédant du travail exécuté pour gravir les rampes se fait par elle sans augmentation d'effort ; et que par conséquent, les rampes ne sont pas une entrave dans l'exploitation des chemins de fer.

Si cependant l'on renverse la proposition, et qu'au lieu de prendre pour terme de comparaison le travail effectué sur niveau, on prend le travail exécuté sur la plus forte rampe qu'une machine puisse gravir à charge, il semble rationnel d'espérer une grande économie d'une machine qui règlerait ses dépenses de toute nature sur le travail réel.

Dans ce cas, les contrepentes exerceraient une influence sur le chiffre des frais de la locomotion et sur la durée des voyages. Tout en reconnaissant donc qu'aujourd'hui on n'en doit tenir aucun compte, nous aurons à les apprécier dans la seconde partie de notre travail, lorsqu'il s'agira de faire l'application d'un nouveau moteur.

§ III. — *Dépense totale de construction par kilomètre.*

Un des plus habiles publicistes de notre époque a dit, dans son excellent ouvrage *des intérêts matériels en France*, et en dépit des devis rédigés par les ingénieurs, que le prix moyen d'un kilom. de chemin de fer à double voie ne sera pas chez nous au-dessous de 375,000 fr., matériel compris. Il se fondait, dans son estimation, sur le prix de revient des chemins anglais, belges et américains, dont il avait fait une étude approfondie.

Nous allons voir si ce publiciste a dit vrai.

On reconnaît aujourd'hui que le prix moyen, qui n'était d'après les devis que de 200 000 fr. environ par kilom., au moment où M. Michel Chevalier écrivait son ouvrage, peut être porté à 300 000 francs.

L'illustre inventeur de la locomotive à grande vitesse, **M. R. Stephenson**, chargé par une compagnie anglaise d'étudier le chemin de Paris à la frontière belge, ne l'a pas estimé moins de 360 000 fr. par kilom., quoiqu'il s'écarte quelquefois des conditions de pente et de rayon de courbure imposées à nos chemins de fer.

Si l'on consulte le plus grand maître en toute chose, l'expérience, on trouvera que pour de grandes lignes, comme celles qui doivent former le réseau français, il faut compter sur une dépense de 400,000 francs par kilom.

En effet, le chemin de Paris à Orléans, établi sur un terrain qui ne présente aucune difficulté dans les deux tiers du parcours, n'a pas coûté moins de 380 000 fr. le kilom. compris son entrée dans Paris, ainsi qu'il résulte du rapport fait à l'assemblée générale le 6 octobre 1842. Le chemin de Paris à Rouen a coûté 420 000 fr. non compris son entrée dans Paris ; et si cette entrée avait été spéciale, le prix moyen du kilom. se fût élevé à près de 500 000 fr.

On nous objectera peut-être que le chemin de Strasbourg à Bâle n'a coûté que 300 000 francs le kilom., et qu'il en est d'autres qui ont coûté encore moins, tel que celui d'Alais à Baucaire. Mais ce dernier qui ne revient qu'à 210 000 fr. le kilom. n'a qu'une seule voie sur plus d'un tiers du parcours, et reviendrait à 260 000 fr. le kilom. s'il était partout à deux voies ; et certainement plus cher, si son matériel était établi sur le pied qui convient à une grande ligne de chemin de fer. D'ailleurs ces quelques exemples sont des exceptions auxquelles nous pouvons aussi opposer des exceptions contraires qui tendraient à confirmer la règle générale. Les chemins-promenades de St-Germain et de Versailles ont coûté 8 à 900 000 fr. le kilom. Ici il y avait à vaincre d'énormes difficultés, là le terrain avait été formé par la nature pour recevoir les rails. La conclusion qu'on en peut tirer c'est que la vérité est une moyenne entre ces termes extrêmes, et cette moyenne n'est pas au-dessous de 400 000 fr. de dépense de construction par kilom. ainsi que nous l'avons établi plus haut (1). Reconnaissons toutefois immédiatement, qu'il est telle partie de chemin qui peut être construite pour moins de 200 000 fr. le kilom. si le tracé n'exige que peu de terrassements et d'ouvrages d'art. Cette circonstance importante concorde jusqu'à un certain point avec les estimations de M. Michel Chevalier qui porte la lieue à 800,000 fr., à la condition qu'on s'é-

____

(1) Les 838 kilomètres de chemin de fer construits en France par les compagnies, ont coûté au moins 271 millions et demi, ce qui fait 320 000 francs par kilomètre.

Si l'on prend sur la longueur totale 454 kilomètres, appartenant aux chemins les plus importants, dans lesquels on a observé les conditions de pente et de rayon de courbure de rigueur, on trouve que ces 454 kilomètres ont coûté 198 millions ou 436 000 francs par kilomètre. 264 kilomètres à doubles voies, mais exécutés dans des conditions plus favorables, ont coûté 62 millions ou 235 000 francs par kilomètre. Enfin 120 kilomètres ont été construits à une voie et ont coûté 14 400 000 francs ou 120 000 francs par kilomètre. Les deux chemins construits par l'État, de Lille et de Valenciennes à la frontière, ont coûté 11 200 000 francs pour 28 kilomètres de longueur, soit 400 000 francs par kilomètre.

cartera des régles prescrites pour les pentes et les courbes, et qu'on se contentera provisoirement d'établir une seule voie dans les endroits où la circulation ne devra pas être très-active.

Il est probable que si, dès le principe, la solution du problème des chemins de fer avait été présentée à ce prix, on aurait reculé devant les sacrifices énormes qu'elle impose. Mais les difficultés n'ayant surgi que successivement, on s'est familiarisé avec ces difficultés et on s'est habitué à les vaincre à prix d'argent.

Si les premiers devis ont été si fortement dépassés dans l'exécution des travaux, et si encore aujourd'hui l'opinion publique est partagée sur le mérite des estimations des ingénieurs, c'est qu'en effet, les projets primitifs ont subi d'importantes modifications à l'exécution.

Les premiers rails pesaient 15 kilog. le mètre courant ; aujourd'hui on les fait généralement du poids de 30 kilog.

Les premiers chemins avaient des pentes qui dépassaient quelquefois un centième, et des courbes dont le rayon descendait à 300 mètres et au-dessous.

L'augmentation du poids des rails a été la conséquence des augmentations successives du poids et de la force des locomotives, et nous avons vu que l'on a été conduit à augmenter le poids des locomotives, non-seulement afin d'avoir une force plus grande, mais encore pour obtenir une adhérence suffisante pour la remorque des grands convois.

Nous consignons ici le détail de la dépense de

400000 fr. que coûteront moyennement les chemins de fer par kilom. Ce détail ne peut manquer d'intéresser le lecteur et indiquera les travaux sur lesquels pourraient porter les économies, par suite du perfectionnement de la locomotive. Ce sont des moyennes prises d'après les dépenses faites sur plusieurs chemins.

1° Terrains et indemnités (1)....... 50 000 fr.

2° Terrassements 80 000

3° Ouvrages d'art, ponts, viaducs, passagessouterrains 70 000

4° Établissement de la voie........ 100 000

5° Bâtiments de l'administration, bureaux et stations.................... 20 000

6° Ateliers et bâtiments pour les réparations du matériel d'exploitation..... 10 000

7° Locomotives................... 15 000

8° Diligences et wagons........... 20 000

9° Intérêts de fonds pendant la construction, et dépenses diverses........ 20 000

10° Administration et frais d'études.. 15 000

Total.............. 400 000

Il n'est pas inutile de donner pour les lecteurs qui n'ont pas étudié eux-mêmes des tracés de chemins de fer, une explication succincte sur les dépenses qui leur paraîtront exorbitantes.

(1) On peut estimer que chaque kilomètre de chemin de fer exige aujourd'hui moyennement deux hectares de terrain.

Le premier article concernant les terrains pourrait faire supposer que ces derniers s'achètent à raison de 25 000 fr. l'hectare, ce qui, pour une moyenne, serait un prix excessif. La valeur moyenne des terres, en effet, n'atteint pas en France le dixième de ce chiffre, Mais quand il faut dans une vallée plier le tracé aux exigences des grands rayons de courbure et des faibles pentes, et éviter surtout les contrepentes, il faut se résigner à entrer dans les belles propriétés de luxe; il faut souvent couper un parc en deux et payer non-seulement la valeur du terrain que l'on prend, mais encore la dépréciation causée à celui que l'on ne prend pas; faute d'une courbe un peu raide à l'entrée d'une ville, il faut abattre un quartier; faute d'une pente, il faut faire un détour et détruire sur sa route un objet de valeur. Voilà pourquoi la moyenne des indemnités de terrain qui ne devrait pas s'élever à plus de 10 ou 12 000 fr. par kilom. atteint un chiffre 4 ou 5 fois plus fort. Les faibles pentes ont encore l'inconvénient de nécessiter deux fois plus de terrain qu'il n'en faudrait pour asseoir un chemin sur le sol naturel; les talus des remblais et des déblais occupent inutilement la moitié de la superficie du chemin.

Les terrassements représentent un article important dans la construction des chemins de fer. Les frais moyens de terrassements sont tels, que s'il ne s'agissait que de prendre des terres de chaque côté de la voie, à une distance moyenne de 30 mètres par exemple, on élèverait sur la ligne du chemin de fer, une chaussée continue de 5 mètres de hauteur ; ou, si on préfère cette comparaison, on creuserait un fossé profond de cinq mètres pour y enterrer la voie, ce fossé aurait bien entendu la largeur et les talus nécessaires.

Est-ce à dire que les mouvements de terre soient aussi considérables dans la construction des chemins de fer? Non; mais la distance à laquelle il faut porter les déblais pour former des remblais afin d'aplanir le sol, double et triple le prix de ces mouvements. Par conséquent, en réduisant les terrassements, on ne réduirait pas seulement la masse des terres à transporter, mais on réduirait encore le prix de chaque mètre cube déplacé.

Quant au troisième article, il suffit de comparer les travaux d'art des meilleures routes ordinaires avec ceux que nécessitent les chemins de fer, pour être convaincu que la somme affectée à cet article est presqu'entièrement due aux conditions du tracé.

Le quatrième article constitue le chemin de fer proprement dit. Il se compose de barres ou rails en fer, de coussinets en fonte, de traverses en bois et petits accessoires. Là encore l'influence de la locomotive a été puissante. Une fois entré dans la voie de la remorque des grandes masses en convoi et à grande vitesse, on s'est trouvé contraint de faire peser un plus grand poids sur les roues motrices de la locomotive et on a été conduit à augmenter la force des rails dont la pesanteur a été ainsi doublée en quelques années. Mais des rails plus forts exigeaient des chairs plus solides et des dés en pierre ou des traverses en bois de plus fort échantillon ; d'où l'établissement de la voie, qui aurait coûté 60 000 fr. si les roues motrices n'avaient encore supporté qu'un poids de 1,000 kilog. chacune, coûte 100 000 fr. parce qu'aujourd'hui ces roues sont chargées d'un poids trois fois plus fort. Toutefois, M. Brunel fils, constructeur du chemin de Londres à Bristol, a réalisé un progrès à cet égard, tout en faisant usage sur ce chemin de locomotives encore plus lourdes que celles connues en France. Il a préféré poser ses rails sur deux cours parallèles de pièces de bois, que d'augmenter le poids des fers. Aussi est-il resté à peu près dans les limites actuelles de la dépense pour les rails. Cette disposition ingénieuse n'empêche pas au reste que la dépense de cet article ne soit toujours proportionnelle au plus grand poids supporté par chaque roue de la locomotive. Nous verrons plus loin la même influence réagir sur les frais d'entretien de la voie.

L'article 5 concerne des dépenses dont le chiffre est tout-à-fait dépendant de l'activité de la circulation sur chaque chemin.

Les articles 6 et 7 relatifs aux machines, varieront avec le nombre de voyageurs et avec les progrès de la locomotive. Ils supposent une locomotive pour trois kilom. de chemin. Bien que le matériel de plusieurs chemins en exploitation ne soit pas aussi considérable, il est constant que pour assurer la régularité du service d'une ligne très fréquentée, on ne saurait descendre au-dessous de ce nombre.

L'article 8 sera, comme l'art. 5, dépendant de la circulation en voyageurs et en marchandises.

§ IV. — *Du réseau français et de son prix de construction avec le système actuel.*

Il est maintenant facile de déterminer le chiffre des dépenses énormes que le gouvernement fera pour construire le réseau français, d'après les principes qui ont dirigé les études.

L'étendue de ce réseau, sans y comprendre les chemins en construction ou classés, n'est, il est vrai, que de 4 600 kilom. environ ; mais il laisse de côté quelques lignes secondaires assez importantes pour qu'on puisse affirmer qu'elles seront exécutées immédiatement après les lignes principales. Toulouse réclamera une communication avec Paris, plus directe que celle de la ligne en écharpe de Bordeaux à Cette ; Cherbourg sur la Manche, Brest sur l'Océan, sont des points stratégiques, qui exigeront certainement ces nouvelles voies de communication.

Les seuls développements que nous venons d'indiquer donneront aux lignes à construire au moins 6 600 kilomètres.

Ces 6 600 kilomètres, ajoutés aux 866 qui sont terminés, en y comprenant les petits chemins exécutés par l'État, ne formeront qu'un développement égal au cinquième de l'étendue de nos routes royales, et au dix-huitième de toutes nos routes, tant royales que départementales et vicinales de grande communication. Ils ne nous donneront pas un système de chemin de fer qui soit, avec l'étendue du territoire et de la population de la France, dans le même rapport que le système anglais ou le système belge avec la population et l'étendue de l'Angleterre et de la Belgique. Aussi n'est-il pas probable que nos constructions se bornent au réseau indispensable. Toutefois nous ne nous occuperons que de celui-ci, et nous évaluerons en conséquence toutes les dépenses qu'exigeront encore sa construction et son matériel d'exploitation à deux milliards 640 millions de francs.

Si les millions pouvaient se puiser à une source intarissable, il faudrait ne rien changer au programme des chemins de fer, à moins que ce ne soit peut-être pour en accroître la dépense, c'est-à-dire pour augmenter encore le rayon des courbes et diminuer les pentes.

Mais quand il s'agit de grands travaux publics, il y a deux raisonnements à faire. Si le capital à dépenser peut être enlevé à la circulation, sans que celle-ci s'en ressente, il faut moins tenir compte de la perte de l'intérêt des fonds engagés dans les travaux, que du résultat moral de ces travaux sur les populations qui en doivent profiter. Si au contraire le capital à immobiliser est assez considérable pour que la masse des capitaux flottants en soit notablement affectée, il n'est pas d'intérêt élevé produit par ce capital qui puisse peut-être compenser la perturbation que causerait inévitablement sa disparition, ne fût-elle que temporaire.

Il est vrai que l'on fait souvent des raisonnements comme celui-ci : Qu'importe le prix ! l'essentiel est qu'on ne paie pas au-delà de la valeur réelle des choses. Alors l'argent ne fait que changer de mains, et après être entré dans la caisse du maître de forge, dans celle du propriétaire de terrain, de bois, de pierre et jusque dans la poche du manouvrier, il faut qu'il en sorte de nouveau et soit rendu à la circulation. On se trouve ainsi avoir au bout du compte créé une valeur de plus, celle du chemin de fer, sans que le capital social qui existait précédemment en soit diminué.

Il faut distinguer deux cas : ou il existait, au moment de l'exécution des travaux, une masse considérable de capitaux inactifs, et par capitaux nous désignons également, et l'argent monnayé, et les bras des pionniers, et l'intelligence des surveillants, et les matériaux de toute nature qui concourent à la construction d'un chemin de fer ; ou ces capitaux n'existaient pas inactifs.

Le premier cas ne peut se trouver évidemment qu'autant qu'on se représente un peuple déja civilisé, faisant irruption sur une terre encore vierge : tels étaient les Américains lorsqu'ils ont fait leurs grands travaux de communication. Le second cas sera plus généralement celui d'un peuple civilisé, occupant depuis long-temps le même territoire. C'est celui dans lequel se trouvent la plupart des peuples de l'Europe. Entre ces deux points extrêmes, on peut imaginer une foule de nuances qui tiendront à la situation particulière d'un peuple placé à une distance plus ou moins rapprochée des deux positions définies.

Employer des capitaux inactifs à exécuter des travaux publics, est tout à la fois une mesure de haute sagesse gouvernementale, et de l'économie politique bien entendue : c'est thésauriser pour l'avenir.

Mais le détournement des capitaux actifs, au profit d'une nouvelle destination, n'a-t-il pas de graves inconvénients ? Ne serait-ce pas tarir la source des productions dues à l'emploi de ces capitaux, au moins jusqu'à ce que l'augmentation du capital social permette une nouvelle affectation spéciale pour ces productions ? Si la nouvelle destination des capitaux a pour but de créer des voies de communication qui ne puissent être vivifiées que par une production industrielle très-active, il en résultera qu'en édifiant d'une main on aura détruit de l'autre la cause qui rendait nécessaire les nouvelles créations. Le chemin de fer sera alors sans utilité, et le capital employé à sa construction n'aura pas seulement changé de main, mais il aura été anéanti. De là cette conséquence inévitable : à côté d'un chemin de fer sans convoi, on aura des hauts fourneaux sans feux, des terres sans moissons et des fabriques sans mouvement.

Une comparaison inverse rendra encore cette vérité plus sensible. Un beau réservoir d'eau fournit un moyen de transport économique. Évidemment les manufactures établies sur ses bords trouveront des débouchés faciles, à cause de la distance plus grande à laquelle leurs produits iront chercher des consommateurs. Mais cette voie facile de communication est stérile faute de produits à transporter. Faut-il par de nombreux emprunts faits à ce bassin créer des chutes d'eaux motrices, au risque de le mettre à sec, lorsque des manufactures élevées à grands frais pourront appeler la vie sur ses bords?

On nous objectera avec raison que tout le capital social d'un peuple n'est pas actif; et qu'il possède toujours des capitaux employés dans des spéculations peu prospères, qui peuvent sans inconvénient être détournés de leur destination actuelle. Cela n'est pas douteux : aussi reconnaissons-nous qu'on peut en France affecter chaque année une somme assez considérable à la construction des chemins de fer.

La construction des chemins de fer, tels qu'ils sont conçus, suppose nécessairement un système complet de routes ordinaires et de canaux navigables. On n'arrive à la perfection que graduellement, et la perfection ne se soutient qu'autant que les moyens qui y ont conduit, servent toujours à la développer. Il faudra donc, pour que les chemins de fer rendent tous les services qu'on a le droit d'en attendre, que les routes ordinaires soient achevées, que la navigation des rivières n'ait plus d'entraves, et que les canaux soient en communication entr'eux, de façon qu'un bateau chargé sur un point quelconque du

territoire puisse se rendre directement à sa destination (1). Ces travaux absorberont encore, suivant
toute probabilité, plus d'un demi-milliard. En outre,
la mise en parfait état des chemins vicinaux coûtera
plus d'un milliard. Il en résulte que notre système
de viabilité n'exigera pas une dépense de moins de
quatre milliards. Dira-t-on qu'on peut toujours commencer par les chemins de fer, et que l'on fera les
autres travaux plus tard ? Nous comprendrions jusqu'à un certain point qu'on fît l'inverse, c'est-à-dire
que l'on commençât par les routes et les canaux et
qu'on terminât par les chemins de fer. Néanmoins il
est de ces choses en quelque sorte providentielles,
et l'invention des chemins de fer est de ce nombre,
qu'on ne saurait repousser sans sacrilège. Aussi l'o-
pinion la plus accréditée aujourd'hui est-elle qu'il
faut faire marcher de front tous les travaux de voie de
communication de la France.

Mais quelle est la somme qu'on peut annuellement et extraordinairement consacrer à ces travaux

(1) Dans l'état actuel de la science des chemins de fer, les canaux
ont sur ces nouvelles voies de communication des avantages incon-
testables ; aussi ne peut-on se dispenser d'exécuter les deux systèmes de voie de communication. Mais vienne un système de chemin
de fer qui réduise les frais de transport de moitié, et les canaux deviennent un double emploi ; car ils ne peuvent dispenser des chemins de fer, tandis que ceux-ci remplaceront les canaux.

Alors les cours d'eau seront rendus à leur destination véritable ;
ils serviront à arroser le sol et à faire mouvoir de nombreuses
usines et manufactures dont les produits alimenteront les chemins de fer.

en France? Si l'on fait attention que de nouvelles
facilités de communication déterminent toujours le
développement de l'industrie, et que ce développement exige une augmentation de capitaux, on comprendra qu'il y aurait erreur de compter à la fois sur
les ressources que le gouvernement pourrait se procurer par l'emprunt, et sur celles que l'industrie
pourrait consacrer elle-même aux travaux laissés à sa
charge. La promptitude avec laquelle le gouvernement remplit un emprunt et le chiffre de cet emprunt sont, en temps ordinaire, la mesure la plus
exacte que l'on puisse prendre du capital disponible.
Si le gouvernement appelle à lui ce capital, il est
évident qu'il ne sera plus à la disposition de l'industrie et réciproquement.

Est-ce une exagération de croire qu'il n'y a pas
annuellement en France 100 millions de francs de capital disponible? Si l'on en juge d'après les difficultés
que l'on a éprouvées à émettre le dernier emprunt de
450 millions, on conclura par la négative. Que serait-
ce donc si les emprunts se succédaient chaque année (1) ?

Il est vrai que dans un moment où les capitaux
d'un pays sont très-occupés, on peut avoir recours à

(1) Ceci était écrit avant la dernière adjudication partielle de
l'emprunt. Malgré le taux même de cette adjudication, nous n'en
restons pas moins convaincu que les capitaux français inactifs sont
peu considérables. S'il en était autrement, les capitaux étrangers
trouveraient-ils aussi facilement un emploi dans nos travaux publics ?

ceux d'un pays voisin moins heureux. Mais avec ces ressources encore, est-il probable que l'on puisse en dehors des dépenses ordinaires et extraordinaires nécessitées par les autres services, consacrer en France plus de 100 millions par an aux nouveaux travaux de communication? Il faudra donc quarante ans pour achever ces travaux que l'on doit considérer comme urgents.

Pour ne nous occuper que des chemins de fer, disons immédiatement que la somme que l'on pourrait affecter tous les ans à leur construction serait les 3/5 du crédit extraordinaire des voies de communication, ou 60 millions, et que par conséquent on ne pourrait en entreprendre chaque année plus de 150 kilom. de longueur moyenne (1).

Et ce résultat on le doit aux conditions de tracé qui sont la conséquence forcée de l'emploi de la locomotive actuelle.

§ V. — *Des frais d'entretien.*

Les frais d'entretien des chemins de fer ne seront bien connus qu'après un assez grand nombre d'années d'exploitation. Il faut en effet une période telle

(1) Depuis 1830 jusqu'au 1er janvier 1844, la construction et l'amélioration des voies de communication a coûté 1200 millions. Les chemins de fer entrent dans ce chiffre pour moins d'un quart.

que toute la *superstructure* ait été renouvelée. Les chiffres publiés par les compagnies ne nous apprennent donc rien d'exact sur ce point. D'ailleurs le nombre de convois qui parcourent un chemin, et la vitesse dont ils sont animés, influent directement sur le chiffre des réparations. En Angleterre, les frais d'entretien s'élèvent généralement de 8 à 10 000 fr. par kilom. et par an, ou à environ 0 fr. 70 par kilom. de parcours de convois ou de trains. Ce chiffre doit cependant se composer de deux dépenses différentes : l'une, fixe, représente la détérioration par l'effet du temps ; l'autre doit varier avec l'activité de la circulation. La connaissance de ces deux chiffres serait utile pour déterminer les frais d'entretien dans divers cas donnés ; car il est évident que ces frais ne peuvent être en rapport ni avec la longueur du chemin ni avec le nombre de kilomètres parcourus. Un autre chiffre non moins important à connaître serait celui de l'augmentation des frais d'entretien en raison de la pente.

« On estime, dit M. Frimot (1) : « Que l'augmen-
» tation de dépense pour l'entretien des rampes de 5
» à 8 millièmes est de plus de 50 pour cent, relative-
» ment aux chemins de niveau. »

Nous allons essayer de décomposer ces frais d'entretien sur un chemin de niveau pour arriver à recomposer les frais sur les rampes.

Au chemin de Saint-Etienne à Lyon, on a reconnu que, toutes choses égales d'ailleurs, la remorque des

(1) De la locomotion, tome Ier, page 246.

convois par la vapeur occasionne des frais d'entretien de la voie quatre fois plus forts que la remorque par les chevaux. Nous supposerons que la détérioration de la voie, dans cette dernière hypothèse, est due pour moitié aux roues des wagons et pour moitié à l'action du temps, et nous aurons les termes suivants de comparaison pour un chemin de niveau :

Détérioration due à l'action du temps,	12,5	
— Aux roues du convoi,	12,5	
— A l'action de la loco-motive et de son ten-der, ...	75 »	= 100, 0

Et attendu que les frais d'entretien sont de 50 pour cent plus forts sur les rampes de 5 millièmes, ils seront représentés par . . . . 150 »

Par conséquent l'excédant de travail de la locomotive sur les rails avec une pente de 5 millièmes, indépendamment de son poids et de celui du tender, est représenté par . . . . 50 »

Or, le travail de la locomotive sur les pentes de 5 millièmes est le double du travail qu'elles exécutent sur les parties de niveau ; donc sur ces parties de niveau l'action destructive de la force motrice sera égale à l'excédant dû à la pente de 5 millièmes, et représentée par . . . . 50 »

Donc enfin l'action destructive du poids de la locomotive et de son tender égal généralement à la moitié du poids du convoi remorqué, est le double de celle du convoi et représenté par . . . . 25 »

Mais de ce chiffre 25 il faut encore dégager la part due aux roues du tender et aux roues libres de la locomotive qui portent les 2/3 du poids et qui sont chargées comme celles des wagons. Cette part directement proportionnelle aux poids sera représentée par le chiffre 5. Il restera donc 20 unités pour représenter l'action destructive due au poids porté par les roues motrices, poids qui est trois fois plus fort que celui porté par les autres roues.

Ces 20 unités ajoutées aux 50 unités qui représentent l'action destructive du pouvoir moteur de la locomotive sur des rails posés de niveau donnent un total de 70, sur 100 unités représentant la détérioration de la voie.

Cette grande puissance de destruction qui réside en la locomotive se conçoit très-bien, si on analyse l'effet des roues motrices. Agissent-elles comme les meules à aiguiser? Alors évidemment leur action sera en raison de la pression due au poids de l'appareil et de la puissance de la vapeur. Agissent-elles par percussion en retombant d'une certaine hauteur à laquelle un choc l'a élevée? L'action directe du poids se fait encore sentir. Enfin viennent-elles heurter latéralement les rails dans son mouvement perpétuel de lacet? Alors leur force vive qui sera avec une même vitesse en raison du poids qu'elles supportent, ébranlera évidemment avec plus d'énergie tout le système de la voie.

Nous avons avec ces éléments déterminé les rapports des frais d'entretien de la voie pour diverses pentes de chemins de fer, parcourus avec une vitesse uniforme.

DÉSIGNATION DES PENTES.	ACTION du temps.	ACTION du convoi et des roues libres de la locomotive et du tender.	ACTION due au poids porté par les roues motrices.	ACTION due au pouvoir moteur.	DESTRUCTION TOTALE.
Chemins de niveau...	12,5	17,5	20	50	100
Pentes de 5 millièmes.	12,5	17,5	20	100	166
Pentes de 10 millièm.	12,5	17,5	20	150	200
Pentes de 15 millièm.	12,5	17,5	20	200	250
Pentes de 20 millièm.	12,5	17,5	20	250	300

Ce tableau indique que la détérioration due au pouvoir moteur varie seule avec la pente du chemin.

Nous ne pensons pas qu'en France, les frais d'entretien de la voie soient au-dessous de 0 fr. 40 par kilom. de parcours sur niveau après quelques années d'exploitation, pour les chemins sur lesquels le service se fait à la vitesse moyenne de 7 à 8 lieues à l'heure, avec des convois moyens de 50 tonnes, moteur compris (1). Par conséquent ces frais seront :

Sur les pentes de 5 millièmes de . . .   0 fr. 60

Sur les pentes de 10 millièmes de . .   0   80

—   15   —   1   00

—   20   —   1   20

Ces rapports entre les divers éléments constitutifs des frais d'entretien doivent être indépendants de la vitesse des convois. Mais il est évident que la totalité

(1) Ces frais paraissent aujourd'hui compris entre 25 et 35 centimes ; mais le renouvellement des billes ne se fera qu'au bout de quelques années. Le renouvellement des rails aura lieu encore plus tard : mais nous ne tenons pas compte ici de ce dernier travail dont l'époque semble tout-à-fait incertaine,

des frais doit varier avec cette vitesse. Aucune observation ne peut servir à notre connaissance, à déterminer d'une manière directe les variations des frais d'entretien avec la vitesse des transports ; mais ainsi que nous l'avons déjà dit, les frais d'exploitation d'un chemin de fer sont proportionnels à la vitesse. Il est donc permis de conclure que la fraction de ces frais afférente à l'entretien du chemin est aussi proportionnelle à cette vitesse.

En conséquence, en prenant pour point de départ le prix de 0 fr. 40 de frais d'entretien par kilometre de parcours sur niveau pour une vitesse moyenne de 30 kilom. à l'heure, nous avons dressé le tableau suivant pour des vitesses de transport de 7,5 ; — 15 ; — 30 ; — 60 et 100 kilomètres. La détérioration due à l'influence du temps est supposée constante.

VITESSE des convois à l'heure.	FRAIS D'ENTRETIEN DE LA VOIE PAR KILOMÈTRE DE PARCOURS, PAR SUITE DE LA DÉTÉRIORATION CAUSÉE PAR				TOTAL.
	le temps.	les roues libres du convoi.	les roues motrices.	le pouvoir moteur.	
7 kilom. 50	0f 05	0f 0175	0f 02	0f 05	0f 137
15 kilom.	0f 05	0f 035	0f 04	0f 10	0f 225
30 kilom.	0f 05	0f 07	0f 08	0f 20	0f 40
60 kilom.	0f 05	0f 14	0f 16	0f 40	0f 75
100 kilom.	0f 05	0f 233	0f 266	0f 666	1f 215

De ce tableau et de celui qui précède, on déduit les frais d'entretien sur des pentes de 0,005 ; — 0,01 ; — 0,015 — et 0,02, et qui sont par kilomètre de parcours :

VITESSE DES CONVOIS A L'HEURE.	CHEMINS AYANT UNE PENTE DE			
	0,005	0,01	0,015	0,02
7$^{kilom.}$ 50	0^f 187	0^f 237	0^f 287	0^f 337
15$^{kilom.}$	0^f 325	0^f 425	0^f 525	0^f 625
30$^{kilom.}$	0^f 60	0^f 80	1^f 00	1^f 20
60$^{kilom.}$	1^f 15	1^f 55	1^f 95	2^f 35
100$^{kilom.}$	1^f 881	2^f 547	3^f 213	3^f 879

Quelques mots sur les vitesses portées dans les deux derniers tableaux. Nous avons mis en évidence l'iniquité des tarifs qui font transporter sur la plupart des chemins de fer les marchandises aux dépens des voyageurs, et malgré tout, la trop grande élévation de ces tarifs pour les marchandises. Notre avis est qu'il faut abaisser ces tarifs en diminuant la vitesse. Nous exposerons, dans la seconde partie de cet ouvrage, au moyen de quelle combinaison on peut obtenir ce résultat. Nous admettons donc que la vitesse de kilom. 7,5 est tout-à-fait suffisante pour les grosses marchandises.

Quant au transport des voyageurs, nous pensons

qu'il n'est pas assez prompt pour les premières classes ; nous croyons qu'il est réservé à notre siècle de faire des transports réguliers à la vitesse de 100 kilom. Nous savons ce qu'un pareil chiffre a d'effrayant au premier abord ; cependant il indique une vitesse qui a plusieurs fois été à peu près atteinte. On lit dans le n° du 25 mai 1844 du *Journal des chemins de fer*, que plusieurs députés, faisant partie de diverses commissions chargées de l'examen de projets de loi relatifs à des chemins de fer, ont parcouru les 140 kilom. qui séparent Rouen de Paris en 130 minutes. Les 18 dernières lieues ont été parcourues en cinquante-sept minutes. C'est 76 kilom. par heure. Il est vrai qu'on avait pris des précautions pour qu'aucun train n'encombrât la voie pendant cette marche rapide.

CHAPITRE III.

Système suivi dans l'exploitation des Chemins de Fer.

§ Ier. — *Nécessité et inconvénient du monopole dans l'exploitation des Chemins de Fer.*

Aussitôt qu'il fut question de chemins de fer, l'imagination de ceux qui s'en occupèrent les premiers entrevit la possibilité de transporter avec vitesse les hommes par grand nombre à la fois, et les choses par grandes masses. Cependant le nombre moyen des voyageurs du chemin de Liverpool a été, comme nous l'avons déja dit, de 64 par convoi pendant l'année 1833-34, et le tonnage moyen des marchandises de 30 tonnes. Une autre illusion qui a encore crédit dans le public, a été de croire que les marchandises pourraient être confondues avec les voyageurs dans une même vitesse moyenne. Beaucoup attachent même de l'importance à la grande célérité du transport des matières. Nous verrons, en parlant des tarifs, que la promptitude des transports doit être en rapport avec la valeur des objets transportés, sous peine de s'écarter des vrais principes d'économie publique et privée.

Une fois entré dans une voie vicieuse, celle de la succession régulière des convois animés d'une vitesse égale, vitesse suffisante pour occasionner les plus graves accidents en cas de collision, et pas assez grande pour débarrasser promptement le chemin, force a été de mettre la police du chemin de fer, et son exploitation dans une seule main. C'est à peine si les soins les plus constants et la régularité la plus grande dans le service, parviennent à éviter les accidents. Que serait-ce donc si deux ou plusieurs exploitants faisaient courir concurremment leur matériel sur un même chemin, comme les diligences sur une grande route?

Aussi personne n'a-t-il proposé jusqu'à ce jour de décréter sur les chemins de fer la liberté de parcours.

On s'est pourtant préoccupé des avantages qui résulteraient pour la société des concessions d'exploitation à court bail, avantages qui ne pouvaient manquer d'inspirer des craintes aux compagnies menacées par là de la perte d'un monopole. Mais il est évident que la nécessité de disposer d'un capital énorme pour rembourser le matériel de la compagnie cessionnaire et pour faire le roulement de l'exploitation, écartera toujours de ces entreprises le plus grand nombre des industriels, et que de fait le monopole restera entre les mains d'un petit nombre de capitalistes qui se partageront l'exploitation de tout le réseau français, en se faisant des concessions réciproques.

Un autre projet dû à M. Ed. Teisserenc donnerait

une égale sécurité aux exploitants dont les baux pourraient avoir une longue durée, et au public qui ne verrait pas les compagnies privilégiées remplir leur caisse à ses dépens.

Nous allons laisser parler l'habile économiste lui-même :

« Pour être juste avec tout le monde, et pour ne
» pas placer les compagnies d'exploitation dans une
» situation de gêne qui peut devenir fatale aux voya-
» geurs, aussi bien que pour ne pas sacrifier légère-
» ment les grands intérêts des classes peu aisées, il
» faut que le tarif se prête aux oscillations de la fa-
» veur publique ; il faut qu'il augmente ou qu'il di-
» minue proportionnellement aux diminutions ou aux
» accroissements de la circulation.

» Les frais d'exploitation des chemins de fer sont
» aujourd'hui assez bien connus pour devenir la base
» de calculs précis. En s'aidant des tableaux que nous
» avons donnés, connaissant d'autre part le chiffre
» des dépenses de première exécution, il devient
» facile d'apprécier quelle sera la limite supérieure
» des frais correspondants à un mouvement donné
» d'hommes et de marchandises ; conséquemment
» quel devra être le tarif capable d'assurer un re-
» venu convenable à des fermiers intelligents.

» Voici, en conséquence, ce que je propose : On
» formerait un tableau dans lequel la circulation
» des personnes et celle des marchandises forme-
» raient une série de termes croissants de 20 000 en
» 20 000 unités, et on calculerait, pour chacune de

» ces combinaisons, quelle est la dépense d'exploita-
» tion correspondante ; on ajouterait à cette dépense
» 8 pour 100 des 125 000 francs par kilomètre que
» doivent dépenser les compagnies.

» Ayant ainsi la somme qui devrait être couverte
» par les recettes dans chaque cas, on rechercherait
» quel est le tarif à appliquer pour obtenir cette re-
» cette. »

Il est évident que, dans l'état actuel des choses, cette solution du problème de la tarification des transports sur les chemins de fer est ce qu'il y a de mieux dans l'intérêt de la masse des voyageurs ; et si elle laisse moins de chance aux jeux de bourse, elle donne en revanche plus de sécurité aux entrepreneurs sérieux. Mais, quoi qu'il en soit, ce système d'exploitation ne fera pas qu'un entrepreneur soit grandement intéressé à rechercher le moyen de faire ses transports plus économiquement, pour en faire profiter le public. Le tarif remanié chaque année et calculé d'après la circulation de l'année précédente, ne tiendra aucun compte des améliorations introduites dans l'exploitation des chemins de fer, et par conséquent les entrepreneurs n'auront pour marcher dans une voie progressive d'autre stimulant que leur propre intérêt, auquel il sera à l'avance donné satisfaction par le tarif.

Ce moyen consacre donc encore le monopole de l'exploitation des chemins de fer, et ne remplace pas la loi naturelle que nous verrons dans la concurrence établir un équilibre entre le tarif et les frais.

En résumé, le monopole de l'exploitation des chemins de fer a les inconvénients de tous les monopoles; mais dans l'état actuel de la question, ce monopole est un mal nécessaire.

§ II. — *Tarif des voyageurs sur les Chemins de Fer comparé au tarif sur les routes ordinaires.*

La locomotion sur toutes les voies de communication doit être ou lente, ou modérée, ou prompte, suivant la position sociale des voyageurs, et le prix des objets transportés. Le plus ou le moins de vélocité doit correspondre à une valeur plus ou moins grande de leur temps. Ainsi toutes les personnes qui changent de place ne sont pas aptes à le faire avec célérité, si le prix de cette célérité ajouté à leur valeur en souffrance, pendant le temps du trajet, excède le prix du transport exécuté avec lenteur ajouté à la valeur d'un temps plus long pour la durée du parcours. Bien plus, le transport des personnes se compose du déplacement de deux choses; savoir : la personne elle-même, et le véhicule dans lequel elle se trouve placée. Il en est de même du transport des matières. Alors le travail du déplacement se traduit toujours par le travail que représente le transport d'un poids à une distance donnée, avec une vitesse déterminée.

Voilà donc, dira-t-on, le transport des personnes assimilé au transport d'une marchandise. Cela est vrai; et nous n'avançons rien que nous ne soyons en mesure de prouver par des faits.

Nous n'irons pas chercher nos exemples dans les tarifs des chemins de fer. Le monopole fausse toujours la loi naturelle qui détermine la valeur des objets d'après le service qu'ils peuvent rendre. Nous prendrons nos exemples dans le fait régulier du transport sur les routes ordinaires, soumis à la libre concurrence.

Expliquons le mécanisme de la formation des tarifs, lorsqu'une influence extérieure n'altère pas ce mécanisme.

Le tarif des transports, à l'état normal, doit être combiné de manière à composer avec le nombre d'unités transportées, 1°. Une somme représentant l'intérêt et la dépréciation du capital engagé dans la création du moyen de transport employé, et qui, pour les routes ordinaires, se traduit en un impôt proportionnel au tarif; 2°. Une somme égale à la totalité des frais d'exploitation, comprenant le halage, l'entretien et l'administration ; 3°. Une troisième somme représentant le bénéfice légitimement dû à l'entrepreneur pour l'intérêt de ses avances de fonds et pour la rémunération de ses soins.

Nous avons vu, à propos de la locomotion sur les chemins de fer, que les frais de halage sont proportionnels à la vitesse de progression pour un même chemin. M. de Pambour a également trouvé que les frais d'entretien sont soumis à la même loi de proportionnalité. Sans déterminer immédiatement la loi que doivent suivre ces dépenses sur les routes ordinaires, il est admissible que les frais d'administration auront très peu d'influence sur la détermination de cette loi pour les grandes routes.

En effet, ces frais ne sont pas, sur les chemins de fer, le quart de la totalité des frais d'exploitation. Or, sur les routes ordinaires les frais de halage sont comparativement beaucoup plus élevés que sur les chemins de fer; les frais d'administration le sont au contraire beaucoup moins. On peut donc dire que tous les frais d'exploitation sont à peu près homogènes, c'est-à-dire soumis à une même loi sur les routes ordinaires.

Le capital représentant la valeur du matériel est ordinairement une faible somme dans le cas que nous considérons, et cette somme paraît être indépendante de la nature lente ou vive du mouvement. Elle ne se compose en effet que du prix des voitures, des bureaux et des remises, et ce prix ne semble pas devoir changer quelle que soit la vitesse des transports. La valeur des chevaux n'entre pas dans cette catégorie, elle est comptée dans les frais de halage. Enfin, le bénéfice dû à l'entreprise semble devoir être constant pour un même service, et la célérité ne paraît avoir non plus au premier abord aucune influence sur cet article.

Cependant si l'on considère que la célérité entraîne ordinairement l'emploi de voitures mieux faites et plus coûteuses, que par conséquent pour un même nombre de voyageurs transportés il faut mettre au service de ces voyageurs un matériel plus cher, on comprendra que l'intérêt du matériel engagé dans la création d'un moyen de transport quelconque, doit augmenter suivant une certaine loi avec la vitesse de progression.

Enfin si l'on considère aussi que le bénéfice de l'entreprise doit être en rapport avec les avances faites constamment par l'entrepreneur, et que ces avances augmentent avec la célérité, puisque la valeur du matériel et les frais de traction deviennent plus forts, il n'est pas douteux que cette fraction encore du chiffre des tarifs doit progresser avec la vitesse.

Ces principes posés, voyons quel enseignement nous pouvons puiser dans l'expérience.

Il se fait en France sur les routes ordinaires trois genres de services réguliers avec des vitesses différentes.

Nous avons d'abord la poste, dont la vitesse moyenne prise sur toutes les routes de première classe est de 15 kilomètres et demi à l'heure. Le prix des places est de $0^r,20$ par kilom. Puis les messageries qui font 10 kilom. à l'heure, dans lesquelles le prix des places est de $0^r,1375$; — $0^r,1175$ — et $0^r,10$ par kilomètre : elles transportent en outre quelques marchandises à raison de $0^r,0625$ les 100 kilog. Enfin le roulage accéléré qui fait 3 $k^{ilom},33$ à l'heure, et dont le prix moyen est de 0ᶠ,025 les 100 kilog. sur les routes où ce service est quotidien comme les deux autres.

Dans la comparaison qui va suivre de ces différents moyens de transport, nous ferons sur le chargement complet la réduction d'un tiers. On sait que le produit de ce chargement réduit suffit à payer tous les frais.

Une voiture de roulage, soit à un cheval ou à plusieurs chevaux, pèse à vide moitié de son chargement complet, ou 50 pour cent du chargement utile ; mais la réduction d'un tiers sur ce chargement utile fait élever le poids réduit de la voiture à 75 pour 100 du poids transporté. Il en résulte que pour porter 100 kilog. de marchandise par le roulage accéléré, on déplace un poids brut de 175 kilogrammes.

Une diligence de 18 places pèse 2 300 kilog. y compris le poids du conducteur, du postillon et des agrès. Lorsque son chargement est complet elle pèse 4 600 kilog. C'est-à-dire que le poids du chargement étant égal au poids de la voiture, chaque voyageur est compté pour 90 kilog. avec le bagage toléré. Elle porte en outre 680 kilog. de marchandises.

Pour trouver le prix payé par 100 kilog. de poids brut déplacé, il faut diviser ce dernier poids par le prix résultant de l'application du tarif à chaque voyageur et à chaque objet transporté.

Or, si l'on fait la réduction d'un tiers sur le chargement pour compenser les voyages faits à moitié charge ou à vide, on trouve que le poids brut moyen d'une diligence de 18 places est de 3 834 kilogr. Le produit moyen par kilomètre de parcours se compose des éléments suivants :

2 voyageurs de première classe, à 0ʳ,55 par lieue, soit 0ʳ,1375 par kilomètre ; ci	0ʳ,275
4 voyageurs de deuxième classe à 0ʳ,475 par lieue, soit 0ʳ,1175 par kilomètre ; ci	0ʳ,475
6 voyageurs de troisième classe, à 0ʳ,40 par lieue, soit 0ʳ,10 par kilomètre ; ci	0ʳ,600
Produit des voyageurs par kilom.	1ʳ,350
453kⁱˡᵒᵍʳ,33 de marchandises à 0ʳ,25 par lieue, soit à 0ʳ,0625 par kilom. ; ci	0ʳ,283
Produit total par kilomètre, du chargement d'une diligence, un tiers déduit.	1ʳ,633

Dans ce prix les petits articles de messagerie ne sont pas comptés pour leur produit réel, mais on peut sans inconvénient négliger cet excédant de produit qui donne lieu aussi à un excédant de frais de factage et d'administration. L'on peut donc dire que le déplacement des 100 kilogr. de poids brut d'une diligence à un kilomètre coûte 0ʳ,04259.

Enfin une malle-poste de première classe pèse

avec le courrier et le postillon 2 100 kilogr., et 3 450 kilogr. à pleine charge. Si l'on réduit l'augmentation de 1 350 kilogr. aux deux tiers pour avoir le chargement moyen, ce dernier sera de 900 kilogr. composé de deux voyageurs pesant 180 kilogr. et 720 kilogr. de dépêches et valeurs. On ne peut ici diviser le poids brut déplacé, par le produit du transport, puisque le produit du transport des dépêches n'est pas seulement le prix du service exécuté, mais qu'il est encore un impôt. Cependant comme la place des voyageurs est affranchie de cet impôt, le tarif appliqué au poids brut déplacé pour eux et qui est le cinquième du poids total, puisqu'ils pèsent le cinquième de la charge utile, donnera le prix des 100 kilogr. déplacés à un kilomètre de distance. Cette opération donne 0^f,6666 pour les 100 kilogr.

Ainsi les 100 kilogr. de poids brut, transportés à un kilom. de distance, coûtent :

0^f,01428 avec une vitesse de 3 k^{ilom},33 par heure.

0^f,04257   —   de 10 k^{ilom}, ,   —

0^f,06666   —   de 15 k^{ilom},50   —

Le rapport de ces prix est de 1 à 2,982 et à 4,668,

Le rapport des vitesses est de 1 à 3   et à 4,654.

Enfin si l'on divise les prix par le rapport des vitesses, on obtient les rapprochements suivants, pour les tarifs de transports réduits à une même vitesse :

Roulage. . . .   0^f,01428 }

Diligences. . .   0^f,01419 } les 100 kilog. poids

Malles-postes.   0^f,01432 } brut.

De ces chiffres nous pouvons conclure que le prix du transport des matières sur les routes ordinaires est en raison de la vitesse de déplacement, quelles que soient du reste la nature de ces matières et la forme des véhicules employés. Constatons en passant que chaque voyageur en diligence donne lieu au transport de 240 kilogr. de poids brut et chaque voyageur de malle-poste au transport de 300 kilogr.

On entend souvent dire que les voyageurs des malles-postes ne paient pas la valeur réelle de leur place, et que pour transporter plus économiquement un petit nombre de riches, on fait peser sur la lettre du pauvre une taxe plus forte. Sans vouloir soutenir que dans les limites de vitesses connues pour les transports, la loi de proportionnalité trouvée plus haut soit d'une exactitude absolument rigoureuse, les résultats nous permettent cependant de croire qu'elle ne s'écarte pas beaucoup de la vérité. En conséquence pour que le prix du transport des voyageurs par les malles-postes fût trop bas, il faudrait que l'on pût prouver qu'il convient de mettre à leur charge une portion plus grande du poids de la voiture. Or, nous demanderons si l'industrie établissant des messageries pour le transport des voyageurs à la vitesse de la poste, ne pourrait pas les construire avec tout le confortable désirable, moyennant 25 pour 0/0 de plus en poids que pour les diligences actuelles; et si elle ne trouverait pas des chevaux en les payant 60 pour 0/0 plus cher qu'aujourd'hui. La question posée de cette façon, doit se résoudre par l'affirmative. L'état met un impôt très-fort sur les lettres, mais n'en met pas et n'en devait pas mettre sur les voyageurs par les malles-postes un plus fort proportionnellement à la vitesse que celui qui est supporté par les voyageurs en diligences.

Jugeant par analogie de ce qui précède et des résultats directs recueillis en Angleterre sur les chemins de fer par M. de Pambour, il nous semble démontré jusqu'à l'évidence que les frais de transport comprenant le halage, l'intérêt et l'amortissement du matériel, les dépenses d'administration générale et enfin le bénéfice légitime de la spéculation, doivent être en rapport avec la vitesse et avec le poids brut déplacé, qu'il s'agisse au reste de transporter des voyageurs ou des matières. (1)

Il nous reste maintenant à examiner si l'intérêt et l'amortissement du capital de construction d'une voie de communication, doivent peser sur la circulation en raison simple du poids, ou en raison composée du poids et de la vitesse.

Si l'importance d'un service se mesure par la valeur vénale qu'on lui attribue, il est évident que les chemins de fer rendent aux hommes et aux objets qui paient la grande vitesse, un service plus important qu'à ceux qui supportent les frais d'une vitesse moindre. Or, que représente la dépense de construction d'une voie de communication si ce n'est un service

(1) On comprend que l'impôt prélevé par le trésor sur la circulation n'étant qu'une petite fraction du produit brut, n'ait pas d'influence marquée sur la loi de progression suivie par les frais.

rendu à l'industrie des transports. Ce service doit donc être rémunéré par les hommes ou les choses qui en profitent. Et cette rémunération devant être en rapport avec l'importance du service rendu à chaque homme ou à chaque chose, sera pour le cas qui nous occupe en raison directe de la vitesse.

Ainsi tous les frais de quelque nature qu'ils soient, relatifs à l'exploitation directe des chemins de fer, doivent être répartis sur les hommes ou les objets transportés, proportionnellement au poids brut mis en mouvement dans chaque cas particulier, et proportionnellement aussi à la rapidité de ce mouvement.

Donc en établissant les tarifs des chemins de fer, on ne doit considérer que des poids bruts et des vitesses ; et ces tarifs doivent être proportionnels au produit de ces deux quantités multipliées l'une par l'autre.

Nous allons comparer les tarifs de quelques railways anglais d'après les principes que nous venons d'examiner.

Sur les chemins de Liverpool à Manchester, chaque voyageur de malle-poste donne lieu au transport de 480 kilog. ; chaque voyageur de diligence, au transport de 380 kilog., et chaque voyageur de wagon, au transport de 220 kilog., chaque voyageur étant compté pour 80 kilog. (1). Les prix des places sont

(1) Voir page 28 pour le poids des voitures. — Les voitures d'une même classe se ressemblent toutes sur les chemins de fer, aussi ne se trompera-t-on guère en comptant le même poids de voiture par voyageur, sur tous les chemins où elles seront affectées au même

de 0^r,165 ; — 0^r,15 — et 0^r,115 — par kilomètre. La vitesse est la même pour les trois classes de voyageurs. Il n'y avait donc ici que les poids déplacés qui pussent différencier les tarifs, et par conséquent ces derniers devaient être proportionnels au poids. Cependant le tarif proportionnel au poids, et en prenant pour point de départ le prix des malles, serait, (1).

Malles, 0^r,165 . . . .

Diligences, 0^r,130 au lieu de   0^r,15

Wagons garnis, 0^r,0756 au

lieu de. . . . .   0^r,115

        } par kilom.

Sur le chemin de Londres à Birmingham, il y a quatre classes de voyageurs qui représentent des poids déplacés de 480 k^{ilog} ; 380 k^{ilog} ; 280 k^{ilog} ; et 180 k^{ilog}. Les prix des places sont de 0^r,228 ; — 0^r,209, — 0^r,16 —' et 0^r,097. Le tarif proportionnel donnerait :

service. Sur les chemins où il y en aura de quatre espèces, les malles seront toujours comptées à 400 kilog. par voyageur, un tiers déduit : les diligences à 300 kilog. ; les chars-à-bancs fermés, à 200 kilog., et les wagons ouverts, à 100 kilog. Il y a quelquefois une cinquième espèce de voitures, ce sont les wagons dépourvus de siége. Ces derniers contiennent 60 voyageurs et pèsent 2 400 kilog., soit 60 kil. par voyageur, un tiers déduit: Les voyageurs qui prennent ces voitures n'ont pas de bagages, de sorte que le poids transporté n'est que de 120 kilog. en moyenne.

(1) Le travail du déplacement du moteur lui-même doit être payé par les voyageurs, et doit par conséquent être réparti au prorata du poids déplacé par voyageur. Ceci ne change donc rien au rapport des poids bruts entr'eux.

1re classe, 0^f,228 . . . . }
2e   —   0^f,180 au lieu de   0^f,209
3e   —   0^f,133   —   0^f,160 } par kilom.
4e   —   0^f,085   —   0^f,097

Sur le chemin de *Grand-Junction*, il y a également quatre classes de voyageurs. Les prix des places sont : 0^f,213 ; — 0^f,19 ; — 0^f,142 ; — et 0^f,103. Le tarif proportionnel donnerait :

1re classe, 0^f,213 . . . .
2e   —   0^f,168 au lieu de   0^f,19
3e   —   0^f,124   —   0^f,142 } par kilom.
4e   —   0^f,080   —   0^f,103

Sur le chemin le *Great-Western*, le prix des places est de 0^f,208 ; — 0^f,138 ; — et 0^f,079 par kilomètre. Les poids déplacés sont de 380 k^{ilog}, 280 k^{ilog}, et 180 k^{ilog}. Donc le tarif proportionnel serait :

1re classe, 0^f,208 . . . .
2e   —   0^f,153 au lieu de   0^f,138 } par kilom.
3^a   —   0^f,098   —   0^f,079

Il ressort de cette comparaison que les tarifs les mieux établis sont ceux du chemin le *Great-Western*, qui favorisent la dernière classe de voyageurs. Quant au tarif des trois autres chemins, ils favorisent beaucoup les premières places. Aussi tandis que les voyageurs se répartissaient dans l'intérieur et à l'extérieur des diligences sur les routes ordinaires dans le rapport d'un à deux environ, ils se répartissent à peu près par égalité entre les différentes classes sur les chemins de fer. Au chemin de Liverpool le rapport est de 6 à 8 entre les premières et les secondes. Il ne paraît pas que sous ce rapport l'avantage accordé à la dernière classe des voyageurs sur le chemin le *Great-Western* ait beaucoup contribué à l'augmenter.

Ces anomalies dans les tarifs et les conséquences qui paraissent en être la suite ne doivent pas étonner : un chemin de fer étant exploité par le monopole, la concurrence ne saurait rétablir la balance entre le service et le salaire. D'ailleurs pourquoi ne pas l'avouer, les chemins de fer sont généralement faits en Angleterre pour les classes riches; aussi en profitent-elles dans une plus grande proportion que la classe moyenne.

Si nous faisons la même comparaison sur le tarif adopté pour les chemins belges qui est de 0',072; 0',056 et 0',036 par kilomètre, pour des poids déplacés de 380 kilog. 280 kilog. et 180 kilog. compris le bagage toléré, nous trouvons que le tarif proportionnel donnerait :

1re classe, 0',072.		
2e — 0',053 au lieu de 0',056	par kilom.
3e — 0',034 — 0',036	

1re classe, 0',072. . . . .
2e — 0',053 au lieu de 0',056 ⎧ par kilom.
3e — 0',034 — 0',036 ⎩

En Belgique le tarif est donc assez bien calculé. Aussi tandis que sur les chemins anglais on voit les premières classes de voyageurs augmenter dans une proportion plus grande que la dernière, le phénomène opposé s'observe en Belgique ; car là comme en France les voyageurs se répartissaient dans les diligences dans le rapport de 1 ; 2 et 3 pour la 1re la 2e et la 3e classe, tandis que sur les chemins de fer ce rapport est à peu près, 2 — 3,33 — et 10 pour l'année 1841.

Examinons maintenant les tarifs de quelques chemins français.

Celui du chemin de Saint-Etienne à Lyon comporte trois classes de voyageurs qui paient 0^f,103 ; 0^f,086 ; et 0^f,069, par kilomètre, pour des poids déplacés de 380 kilog., 280 kilog. et 180 kilog. Un tarif proportionnel donnerait :

1re classe, 0^f,1030. . . . .)
2e — 0^f,0756 au lieu de 0^f,086 } par kilom.
3e — 0^f,486 — 0^f,069)

Sur le chemin de Paris à Saint-Germain, les prix du tarif sont 0^f,105 ; 0^f,08 et 0^f,066 par kilomètre pour des poids déplacés de 380 kilog., 280 kilog. et 180 kilog. Le tarif proportionnel donnerait :

1res places, 0^f,105. . . . .)
2es — 0^f,077 au lieu de 0^f,080 { par kilom.
3es — 0^f,050 — 0^f,066)

Sur le chemin de Paris à Versailles, rive gauche, le tarif porte des prix de 0^f,117 ; 0^f,088 et 0^f,073 par kilomètre. Le tarif proportionnel donnerait :

1res places, 0^f,117. . . . .)
2es — 0^f,084 au lieu de 0^f,088 { par kilom.
3es — 0^f,054 — 0^f,073)

Enfin, sur le chemin de Paris à Corbeil, les prix des places sont de 0',083 ; 0',066 et 0',05. Le tarif proportionnel donnerait :

1res places, 0',083. . . . .
2es   —   0 ,062 au lieu de 0',066) par kilom.
3es   —   0 ,040   —   0 ,050)

Il résulte de la comparaison de ces différents tarifs que les prix des troisièmes classes des chemins de fer en France sont généralement trop élevés de 20 à 25 pour cent. Il faudrait pour qu'ils fussent en rapport avec ceux des premières classes que chaque voyageur de troisième donnât lieu au déplacement d'un poids de 230 à 250 kilog. Que l'on déplace effectivement ce poids ou que les wagons soient dans les conditions d'une bonne construction et plus légers, le résultat n'en est pas moins le même et onéreux pour la classe la moins riche. Seulement dans le premier cas on exécute dans le transport un travail plus considérable qu'on ne devrait le faire, et par conséquent en partie inutile, et dans le second cas on ne maintient pas l'équilibre entre le service et le salaire. On verra qu'en définitive le public et les entrepreneurs perdent à employer un tel système de tarif. Quant aux prix des secondes places, ils paraissent généralement bien établis.

---

§ III. — *Tarif du transport des marchandises.*

Examinons maintenant les tarifs du transport des marchandises. Sur le *Grand-Junction rail-way,* le transport des marchandises, déduction faite de tous frais accessoires, est ainsi tarifé par kilomètre et par tonne :

1ʳᵉ classe, 0ᶜ,112
2ᵉ   —   0ᶜ,128 { Prix moyen, 0ᶜ,128.
3ᵉ   —   0ᶜ,144
4ᵉ   —   0ᶜ,160

Sur le chemin de Londres à Birmingham, le tarif est réglé comme il suit :

1ʳᵉ classe, 0ᶜ,111
2ᵉ   —   0ᶜ,149 { Prix moyen, 0ᶜ,143.
3ᵉ   —   0ᶜ,170
4ᵉ   —   0ᶜ,201

Ces tarifs sont plutôt basés sur la valeur de la marchandise que sur le rapport du volume au poids, car les trois premières classes concernent des marchandises de même nature ; la main-d'œuvre dont elles ont été l'objet est le seul caractère qui les différencie. La quatrième classe est relative aux cotons, laines et objets manufacturés.

Or un wagon chargeant trois tonnes et demie de marchandises pèsera vide 1 500 kilogrammes. En déduisant pour les chargements incomplets un tiers sur le poids utile, ainsi que l'expérience en démontre la nécessité et ainsi que nous l'avons fait sur les convois de voyageurs, il en résultera que pour transporter 100 kilog. de poids utile, on déplacera 164 kilog. de poids brut

Par conséquent, les 100 kilog. de poids brut de trains de marchandises, coûteront pour les trois premières classes, prix moyen :

Chemin de *Grand-Junction*........   0',0078
   —   de Londres à Birmingham. .   0',0087

Si dans le transport des voyageurs sur un même chemin nous ne considérons que le poids brut déplacé, nous trouvons que ce transport est payé au *minimum*, 0',0475 par 100 kilog. de poids brut déplacé sur le chemin de Londres à Birmingham, et 0',0433 sur le *Grand-Junction*.

La vitesse des trains de marchandises est de 20 kilomètres par heure, et celle des convois de voyageurs de 35 kilom. Pour que le tarif fût proportionnel à la vitesse, ainsi que nous avons démontré que cela a lieu sur les routes ordinaires, il faudrait que les 100 kilog. de poids brut fussent payés 0',0247 par kilomètre, sur le *Grand-Junction* et 0',0271 sur le chemin de Londres à Birmingham, ce qui mettrait le transport de la tonne à 0',40 pour le premier chemin, et à 0',44 pour le second (1).

Il est vrai que, d'après les relevés faits par M. de Pambour sur des transports de toute nature exécutés sur le rail-way de Liverpool, ces transports donnent lieu à des dépenses de trois espèces : la première est relative au halage et à l'entretien de la

(1) On suppose ici que le poids du moteur est proportionnel au poids brut déplacé et à la vitesse ; ce qui n'arrive pas toujours.

route et suit le rapport des vitesses; la deuxième est relative aux frais d'administration qui peuvent être répartis de la même manière; une troisième espèce est relative à l'entretien des véhicules qui est proportionnellement plus fort pour les voyageurs que pour les marchandises; mais cette dernière dépense est si minime comparée aux deux autres, qu'elle est presque sans influence sur la détermination du chiffre total.

On comprend donc difficilement qu'il soit rationnel de donner le transport des marchandises pour le tiers de sa valeur relative. Cela ne s'explique que par le chiffre élevé des frais fixes d'exploitation qui, ajouté aux intérêts des fonds employés à la construction, représente plus des trois quarts de la totalité des frais annuels. Il en résulte que même en quintuplant les frais variables, on ne fait que doubler la totalité des frais annuels, et que l'on double également la recette.

Le transport des marchandises exécuté à un prix tel que seul il ne saurait soutenir un chemin de fer, est en réalité une bonne opération, puisque le prix proportionnel empêcherait tout transport; mais il n'en est pas moins vrai que sur les chemins anglais les voyageurs paient une partie du transport des marchandises, et que si ces chemins font une concurrence redoutable aux canaux, cela tient à leur supériorité comme moyen de transport pour les voyageurs et non pour les marchandises.

Le prix payé pour le transport des marchandises correspond à une vitesse de six à huit kilomètres par heure. Mais le mode d'exploitation adopté ne peut s'accommoder de cette petite vitesse pour les trains. La voie serait toujours embarrassée et la multiplicité des convois donnerait lieu à des collisions trop fréquentes et trop difficiles à éviter.

D'ailleurs la nécessité où l'on est, comme on l'a déjà vu, d'utiliser le plus possible la force des machines, et la disproportion entre cette force et le poids moyen des trains, obligent à un service coûteux pour l'exploitation du chemin de fer. Ainsi la grande vitesse du transport des marchandises n'est pas justifié par le besoin où l'on est de les laisser moins de temps en chemin vu leur valeur, mais bien par une nécessité provenant de la locomotive.

Voyons si en France on a été plus conséquent dans la fixation des tarifs des marchandises.

Sur le chemin de Saint-Étienne à Lyon nous avons vu que le tarif minimum des voyageurs est de $0^f,103$ pour un poids brut déplacé de 380 kilog. C'est $0^f,027$ par 100 kilog. du poids brut.

Le tarif des marchandises est de $0^f,10$ par tonne et par kilomètre sur ce chemin ; la presque totalité des transports de marchandises a lieu dans le sens de la pente qui est assez forte, ce qui diminue les frais de traction. Le transport des voyageurs se fait au contraire dans les deux sens. Ainsi, pour un convoi de voyageurs qui descend, un autre convoi remonte, ce qui compense à peu près les avantages et les inconvénients. Pour un convoi de charbon qui descend au contraire, il ne remonte que des wagons presque vides, ce qui paraît maintenir l'avantage des frais de traction en faveur de ce système d'exploitation. Cependant, outre un personnel proportionnellement plus considérable que nécessite une certaine quantité de marchandise parcourant le chemin dans un sens seulement, le poids des wagons à ramener à vide est encore un inconvénient qui compense une grande partie des avantages. Le poids qui remonte ainsi est en effet près du tiers de celui qui descend le chemin. Néanmoins nous admettrons que les deux natures de transports sont sur ce chemin dans les conditions ordinaires.

Le poids brut déplacé par 100 kilog. de marchandises, tant en descendant qu'en montant, est de 164 kilog., ce qui établit le tarif actuel des convois de marchandises sur le pied de 0^r,006 par 100 kilog. de poids brut transporté à un kilomètre de distance. La vitesse des trains de marchandises étant moitié de celle des convois de voyageurs, le tarif proportionnel donnerait 0^r,0135 par 100 kilog. brut du train de marchandises; par conséquent 0^r,022 par 100 kilog. de poids utile, ou 0^r,22 par tonne transportée à un kilomètre de distance. Donc au chemin de Lyon à Saint-Étienne les voyageurs paient trop cher ou les marchandises ne paient pas assez.

Enfin, sur le chemin de Paris à Orléans, où le prix minimum des places est de 0^r,083 pour 380 kilog., soit 0^r,0218 par 100 kilog. de poids brut; le prix moyen du transport des marchandises est de 0^r,16 environ avec une vitesse égale aux 6/10 de celle des convois de voyageurs. Ce tarif met le prix des 100 kilog. de train à 0ᶠ,01. Le prix proportionnel serait 0 ,013.

En définitive nous voyons qu'on s'est d'abord beaucoup écarté dans la fixation des tarifs de transport sur les chemins de fer de la loi si simple indiquée par les tarifs des transports sur les routes ordinaires, loi qui indique que les frais sont proportionnels aux poids bruts déplacés et à la célérité. Nous voyons aussi qu'on paraît revenir à l'application de cette loi dictée par la plus simple équité.

Que dire cependant de ces tarifs de transport des marchandises qui diffèrent pour une même vitesse et qui paraissent basés non sur la valeur du service matériel rendu, mais sur la valeur de l'objet transporté ?

Des objets de plus grande valeur peuvent au fait supporter des frais de transport plus forts, mais c'est à la condition d'une vitesse plus grande. Tant que les transports ont lieu avec la même vitesse, quel motif plausible y a-t-il de faire payer le transport du fer plus cher que celui de la houille par exemple ou de la pierre ? Cela revient à mettre sur l'industrie métallurgique un impôt en faveur des maçons, ou des industries qui emploient de la houille. Nous ne connaissons que deux cas où il soit de bonne administration d'établir un tarif plus fort; c'est celui où une marchandise exigerait des soins particuliers pour son transport, ou bien encore celui où elle serait d'un volume embarrassant relativement à son poids. Ainsi les comestibles doivent payer plus cher, le coton également. Les premiers, parce qu'ils exigent des soins ; le second, parce que la charge utile d'un wagon ne pouvant être complète, le poids inutile déplacé sera plus fort relativement au poids utile. Cela revient à déplacer un poids brut plus considérable par tonne de poids utile. Le tarif doit dans ce cas augmenter dans la même proportion. Par la même raison, si une nature de marchandise était si abondante que les wagons dussent voyager constamment avec charge complète, il est évident que cette marchandise mériterait une diminution dans les frais de transport.

§ IV. — Du tarif normal du transport des voyageurs et des marchandises sur les Chemins de Fer.

Deux conditions à remplir pour tout homme qui se déplace, c'est d'avoir à sa disposition le temps pendant lequel doit durer le voyage et la somme nécessaire pour payer le trajet. Ces deux choses constituent ce que l'on peut appeler ses dépenses spéciales. Les autres frais ne sont à bien dire que des dépenses accessoires, qu'il peut restreindre à volonté ; mais il ne peut éviter de payer le prix de sa place, ni de faire le sacrifice de son temps.

Maintenant si cette place doit coûter dix francs, tout homme qui n'aura que cinq francs à dépenser pour son voyage ne pourra l'effectuer. Bien plus, le même homme qui ferait le voyage, s'il devait lui rapporter le prix de son temps plus dix francs, ne le fera pas s'il ne doit lui rapporter que le prix de son temps plus cinq francs.

Si le trajet doit durer dix heures, tout homme qui ne pourra disposer que de cinq heures, ne pourra non plus l'effectuer. Et le même homme qui ferait le voyage, s'il devait lui rapporter le prix de sa place, plus la valeur de dix heures de son travail, ne le fera pas, s'il ne doit lui rapporter que la valeur de cinq heures de travail de plus que ses déboursés.

Donc, à mesure que le prix des places diminue, il y a accroissement dans le nombre des voyageurs, non-seulement parce que les frais de transport sont mis à la portée d'un plus grand nombre d'individus, mais encore parce que le même individu faisant plus de petites affaires que de grandes, se déplacera plus souvent si ses frais de déplacement sont mis en rapport avec la faible importance des petites affaires.

A mesure que la durée du voyage est restreinte, le nombre des voyageurs s'accroît, non-seulement parce qu'il se trouve ainsi plus de personnes disposées à faire le sacrifice d'un temps moins long ; mais encore parce que ce temps représentant une dépense, la même personne pourra en faire plus souvent le sacrifice. Cette dépense étant restreinte, est également mise plus en rapport avec la faible importance des petites affaires. On voit donc que la célérité des transports agit sur la circulation, non comme vitesse, mais comme diminution de dépense. De là résulte nécessairement que la vitesse, qui ne s'obtient que par un sacrifice plus grand, ne saurait être à la portée de tous les voyageurs, et qu'il y en a une qui convient le mieux à chaque classe.

Nous allons déterminer cette vitesse. C'est le moyen le plus sûr de découvrir l'influence qu'exercent les dépenses sur la circulation.

Nous avons dit que tout voyageur devait disposer du prix de sa place et du temps nécessaire, sous peine de ne pouvoir voyager. Nous avons dit encore que le voyage lui coûtera non-seulement sa dépense en argent, mais encore la valeur de son temps. Il sera donc intéressé à aller d'autant plus vite que son temps lui rapportera davantage, et pourra par conséquent payer son trajet plus cher. Il y aura donc ainsi entre le prix du parcours dans un temps déterminé et la valeur même de ce temps pour celui qui voyagera, un rapport qui servira à déterminer le prix que chacun peut mettre dans son transport à une distance donnée, et par conséquent à déterminer aussi la rapidité de ce transport, puisque nous avons vu que pour un même mode le prix est proportionnel à la vitesse. Or ce prix sera égal à la valeur du temps employé à parcourir la distance (1).

(1) Représentons par P la valeur en argent de l'unité de temps pour une classe d'individus,

Soit E un certain nombre de kilomètres à parcourir dans un temps

On nous objectera peut-être que presque tous les moyens de transport donnent une même vitesse pour des prix différents. L'excédant payé par les voyageurs de première classe n'a pas alors pour but d'économiser leur temps. Cela est vrai : cet excédant sert à payer quelques soins plus recherchés ; mais une plus grande valeur de temps chez un homme est à peu près inséparable des douceurs que procure le luxe ou seulement le simple confortable. A quelques exceptions près dues à l'avarice ou à la vanité, les hommes qui gagnent le plus, c'est-à-dire dont le temps a plus de valeur, ont aussi besoin de voyager plus commodément, et ceux qui veulent paraître riches ou pauvres sans l'être réellement sont des exceptions.

t avec une vitesse v, et p le prix du tarif par kilomètre. La dépense totale sera $Pt + pE$. Pour que cette dépense soit un minimum, il faut que

$$Pt = pE \text{ ou que } \frac{P}{p} = \frac{E}{t} = V.$$

C'est-à-dire que le rapport de la valeur du temps au tarif soit égal au rapport de l'espace au temps, ou égal à la vitesse.

Les tarifs étant proportionnels aux vitesses, si nous appelons p' un nouveau tarif pour une vitesse v' nous aurons

$$\frac{v}{v'} = \frac{p}{p'}$$

Appelant P' la valeur de l'unité de temps correspondant à la classe qui doit se mouvoir avec une vitesse v' pour que la dépense soit au minimum, il faudra que

$$P' = v' p'$$

Si on remplace dans cette formule p' par sa valeur tirée de la relation précédente entre v, v', p, p', on aura

$$P' = v'^2 \frac{p}{v}$$

Aussi, quand on réunit des voyageurs de deux classes dans une même voiture, la vitesse de leur transport doit être au-dessus des moyens pécuniaires de la deuxième classe de voyageurs, et au-dessous de ceux de la première classe ; deux motifs extrêmement puissants pour restreindre le nombre des voyageurs. Dans le premier cas, c'est le tarif qui est trop fort et qui rend la dépense trop lourde ; dans le deuxième cas, c'est la durée du voyage qui est trop grande, et la dépense est encore trop lourde.

La conclusion que l'on doit tirer de ces principes, c'est que pour donner la plus grande extension à la circulation des hommes dans un pays, il faut mettre

Cette formule indique que lorsqu'on fera varier la vitesse avec un même système de transport, la position de fortune, c'est-à-dire la valeur du temps du voyageur, devra varier comme le carré de cette vitesse. On voit donc, comme nous l'avons déja dit, qu'une même vitesse ne convient pas à toutes les positions sociales, et qu'il suffit d'introduire de faibles variations dans cette vitesse, en plus ou en moins, pour exclure ou pour appeler un grand nombre de voyageurs.

Des deux équations $\dfrac{v}{v'} = \dfrac{p}{p'}$ et $P' = p'\, v'$,

on peut déduire les valeurs v' et p' en fonction de v, p et P', et connaître par conséquent la vitesse et le tarif qu'il faut adopter pour telle classe de la société dont le temps aurait une valeur exprimée par P'.

Ces équations donnent :

$$ v' = \frac{\sqrt{P'\,v}}{\sqrt{p}} \qquad\qquad p' = \frac{\sqrt{P'\,p}}{\sqrt{v}} $$

Il suffit donc d'avoir déduit de l'expérience le tarif correspondant à une vitesse déterminée pour connaître ensuite les différents tarifs et les vitesses qui conviennent à toutes les classes de la société.

à la portée de chacun la vitesse qui lui convient le mieux, c'est-à-dire *celle dont le tarif calculé sur le travail exécuté sera équivalent à la valeur de son temps et que nous appellerons tarif normal.* Plus on s'écartera de cette règle, moins il y aura de voyageurs, moins il y aura de relations entre les différentes parties d'un état, moins il y aura d'affaires, moins il y aura de prospérité. Donc, cette règle revient encore à celle-ci : plus les moyens de communication seront mis en rapport avec les ressources de chaque classe de la population et plus on développera les richesses d'un pays.

Dans l'état actuel de nos communication, les moyens de transports réguliers des hommes, en France, qui sont les malles-postes et les diligences, conviennent donc principalement ; les malles-postes aux hommes qui gagnent trois francs par heure et les diligences à ceux qui gagnent 1ᶠ,375, 1ᶠ,175, 1ᶠ,00 par heure, ou ce qui revient au même à ceux qui gagnent 9 000 francs, 4 100 francs, 3 500 francs et 3 000 francs par an (1). Ces chiffres indiquent suf-

---

(1) **Nous** supposons que tout homme travaille moyennement dix heures par jour et 300 jours par an, soit 3 000 heures dans l'année. Ce calcul est pour la classe ouvrière d'une exactitude que chacun peut vérifier. Les éléments qui servent à l'estimation du temps des hommes voués à des professions libérales ne sont pas susceptibles d'être appréciés de la même manière. Cependant que l'on examine la vie des hommes d'affaires, et l'on reconnaîtra que, soit de nuit, soit de jour, soit dans le cabinet, soit en voyage, ces hommes travaillent tout autant que les ouvriers. Les penseurs travaillent davantage, mais en général, ils se déplacent peu. Reste la classe des ren-

fisamment combien sont restreints les moyens de voyager faute d'une valeur de temps qui soit en rapport avec ces moyens de communication ; les voyages deviennent onéreux, ce qui en écarte la plupart des hommes qui se déplaceraient s'ils avaient pour cela des moyens plus en harmonie avec leur situation : d'où stagnation plus grande dans les affaires et détresse prolongée des prolétaires.

Sur les chemins de fer en France, les prix moyens du transport des voyageurs sont 0ᶠ,105 ; — 0ᶠ,085 — et 0ᶠ,065 par kilomètre, pour une vitesse de trente-deux kilomètres par heure. Ces prix donnent un minimum de dépense pour des valeurs de temps de 3ᶠ,36 ; —

tiers. Il y a dans cette classe plus d'individus occupés qu'on ne le croit généralement ; c'est elle qui fournit presque tous les hommes appelés aux fonctions publiques et gratuites ; d'autres savent occuper leurs loisirs d'une manière utile à la société, et l'on peut considérer leur fortune comme le salaire de leurs travaux. Reste un petit nombre d'individus qui emploient leur activité à dévorer leur patrimoine ; mais cette activité est limitée : si elle dure la moitié de la journée, c'est beaucoup ; donc ces hommes aussi trouvent une estimation exacte de leur temps dans le chiffre de leur fortune.

Les chiffres de fortune qui correspondent aux moyens de communication que possède aujourd'hui la France, peuvent déjà faire pressentir quels puissants motifs il faut pour déterminer un homme à voyager, surtout par le courrier ou par les troisièmes places de diligences. Ainsi, l'homme qui évaluerait son temps vingt-cinq à trente francs par heure, et en voyage ce n'est pas rare, dépenserait près de deux fois moins s'il allait trois fois plus vite. De même aussi celui qui gagnerait seulement vingt à vingt-cinq centimes par heure, économiserait un quart sur sa dépense s'il allait moitié moins vite.

2ᶠ,72—et 2ᶠ,08 par heure. On voit donc que les chemins de fer sont relativement moins favorable à la dernière classe de voyageurs que les diligences. Je dis relativement, car pris d'une manière absolue, l'avantage des chemins de fer sur les diligences est visible pour tout le monde ; mais comme ils favorisent davantage le déplacement de la classe moyenne que celui de la dernière classe, on peut dire que dans l'état actuel des choses en France, les chemins de fer sont les voies de communication de la bourgeoisie.

Mais revenons à la fixation du tarif normal des voyageurs.

Nous avons vu que les tarifs de tout moyen de transport se composent de frais de halage, de l'intérêt et de l'amortissement du matériel, des dépenses d'administration générale, du bénéfice légitime de la spéculation et enfin de l'intérêt du capital de construction de la voie de communication. Nous avons démontré que ces frais doivent se répartir, entre les poids transportés, proportionnellement à leur valeur et à leur vitesse de mouvement.

Enfin, nous avons trouvé que les poids bruts déplacés sont, par voyageur, 380 ; 280 et 180 kilog., suivant la classe à laquelle ils appartiennent, et 1 640 kilog. par tonne de marchandises.

Donc pour une vitesse uniforme les tarifs devraient être dans le rapport de ces poids ; mais comme la vitesse des trains de marchandises n'est guère que moitié de celle des convois de voyageurs, le tarif normal devrait être fixé ainsi par kilomètre :

$$\text{Voyageurs.} \begin{cases} 1^{\text{re}}\text{ classe,} \ldots\ldots\ldots\ldots & 0^{\text{f}},100 \\ 2^{\text{e}} \quad — \ldots\ldots\ldots\ldots & 0^{\text{f}},073 \\ 3^{\text{e}} \quad — \ldots\ldots\ldots\ldots & 0^{\text{f}},047 \end{cases}$$

Marchandises par tonne,$\ldots\ldots\ldots\ldots$ $0^{\text{f}},215$

En outre, il conviendrait d'adopter une deuxième classe de marchandises pour celles qui par leur volume occasionneraient le déplacement d'un poids brut égal à leur propre poids. Le tarif de ces marchandises serait de $0^{\text{f}},263$.

Il est évident que ce tarif écarterait les marchandises des chemins de fer et que leur transport resterait assuré aux canaux. Il n'en est pas moins vrai qu'en agissant autrement, on foule aux pieds une des lois fondamentales qui régissent le commerce des transports, et qu'à moins de réduire la vitesse des trains de marchandises de moitié, il ne sera pas rationnel de donner le transport au prix auquel on l'effectue aujourd'hui, à moins que l'on ne double le tarif des voyageurs ; autre écueil sur lequel viendrait se briser la prospérité de ces entreprises.

§ V. — *De l'influence des tarifs et de la vitesse sur le nombre des voyageurs.*

Pendant les quatre premières années de l'exploitation des chemins belges, on avait distingué quatre classes de voyageurs. Le tarif était : $0^{\text{f}},08$; — $0^{\text{f}},0675$,

—0ᶠ,045—et 0ᶠ,0275 par kilomètre, pour une vitesse de 30 kilomètres par heure.

Ce nouveau mode de locomotion en remplaçait un autre, dans lequel trois classes de voyageurs payaient 0ᶠ,125, — 0ᶠ,11 — et 0ᶠ,095 pour faire 10 kilomètres par heure.

Les trois classes de voyageurs se répartissaient dans les diligences suivant le rapport des chiffres 1, 2 et 3.

La circulation prit une telle extension par le changement de système de transport, que le nombre des voyageurs, compte fait de ceux qui voyageaient en diligence, en fut multiplié par 12. Mais la répartition entre les différentes classes fut loin de suivre l'ordre établi dans les diligences ; plus des 4/5 en effet prenaient les dernières places (1).

Le tarif aujourd'hui en vigueur sur le même chemin fixe le prix des places à 0ᶠ,072, — 0ᶠ,056 — et 0ᶠ,036 par kilom. et les voyageurs se sont distribués dans les 3 classes à peu près suivant les chiffres 1, — 3, 33 — et 10.

Sur le chemin de Liverpool à Manchester, le tarif primitif était : 1ʳᵉ classe, 0ᶠ,15, — 2ᵉ classe 0ᶠ,12. Les voyageurs de 1ʳᵉ classe occupaient 3 places sur 7 et le nombre total s'est trouvé multiplié à peu près par 4,5. Ce chemin remplaçait un service de diligence

____

(1) M. Nothomb, ministre des travaux publics de Belgique, dans un rapport en date du 1ᵉʳ mars 1837, dit que le prix moyen des places réellement occupées et payées n'est que de 12ᶜ,15 par lieue de 1000 mètres.

dans lequel deux classes de voyageurs payaient 0ʳ,32 — et 0ʳ,15 par kilomètre pour une vitesse de 14 kilom. à l'heure. La 1ʳᵉ classe de voyageurs occupait dans une diligence une place sur trois.

Si l'on déduit des tarifs des routes de terre, d'après les principes émis dans le chapitre précédent, les classes de la société pour lesquelles ils occasionnent le minimum de dépense, et si avec la valeur de temps, que nous appellerons valeur normale, correspondant à ce minimum de dépense, on calcule la dépense pour les voyageurs, du kilomètre de parcours sur les nouvelles voies de communication, on aura deux dépenses de parcours différentes : l'une due aux anciennes voies, l'autre due aux nouvelles voies. Le rapport géométrique entre ces deux dépenses pourra, jusqu'à un certain point, servir à expliquer la multiplication du nombre des voyageurs par les nouvelles voies de communication.

On a inscrit dans la colonne des quotients du tableau ci-contre ce rapport géométrique, en le plaçant sur l'interligne des nombres qui doivent être divisés l'un par l'autre ; et dans la colonne des multiplicateurs, on a inscrit le chiffre qui indique pour chaque classe la multiplication du nombre des voyageurs par l'exécution des chemins de fer.

INDICATION DU MODE DE TRANSPORT.	VITESSE en kilom. à l'heure. v	PRIX des places. p	VALEUR normale du temps du voyageur par heure avec les diligences. $P = pv$	PRIX d'une heure de voyage. $pv + P$	PRIX du kilom. de parcours. $\dfrac{pv+P}{v} = m$	NOMBRE de voyageurs n	QUO-TIENT $\dfrac{m}{m'}$	MULTI-PLI-CATEUR $\dfrac{n'}{n}$	MULTI-PLI-CATEUR rectifié.
BELGIQUE.									
1re classe : Diligence.	10	0^f,125	1^f,25	2^f,50	0^f,25	1	2,21	5	5
Chemin de fer.	30	0,072	1,25	3,41	0,113	5			
2e classe : Diligence.	10	0,11	1,10	2,20	0,22	2	2,39	8,33	5,55
Chemin de fer.	30	0,056	1,10	2,78	0,092	16,65			
3e classe : Diligence.	10	0,095	0,95	1,90	0,19	3	3,22	21,33	10,66
Chemin de fer 1er tarif.	30	0,0275	0,95	1,77	0,059	64			
Diligence.	10	0,095	0,95	1,90	0,19	3	2,83	16,66	8,33
Chemin de fer d^{er} tarif.	30	0,036	0,95	2,03	0,067	50			
LIVERPOOL A MANCHESTER.									
1re classe : Diligence.	14	0^f,32	4^f,48	8^f,96	0^f,64	1	2,37	6	6
Chemin de fer.	36	0,15	4,48	9,88	0,27	6			
2e classe : Diligence.	14	0,15	2,10	4,20	0,30	2	1,66	4	2,66
Chemin de fer.	36	0,12	2,10	6,52	0,18	8			

Il semble résulter de ces chiffres que la loi de multiplication des voyageurs, différente pour chaque classe, est, pour la première à peu près comme le carré du quotient de la dépense du kilomètre de parcours du voyageur en diligence, divisé par la même dépense pour le voyageur en chemin de fer ;

Pour la seconde classe, à peu près comme une fois et demi le carré du quotient ;

Et pour la troisième classe, à peu près comme deux fois le carré du quotient.

Ainsi les carrés des nombres 2,21 et 2,37, sont . . . . 4,88 et 5,62

Les multiplicateurs correspondants, sont . . . . 5,00 et 6,00

Les carrés des nombres 2,39 et 1,66 multipliés par 1,5, sont . . . . . 8,56 et 4,13

Les multiplicateurs correspondants, sont . . . . 8,33 et 4,00

Enfin les doubles carrés des nombres 3,22 et 2,83, sont. . . . . . 20,72 et 16

Les multiplicateurs correspondants, sont . . . . .21,33 et 16,66

Il faut toutefois remarquer que si la loi d'augmentation de la première classe de voyageurs peut être invariable, puisqu'elle est comme le carré des nombres ; il n'en est pas de même de celle de la deuxième et de la troisième classe de voyageurs qui paraîtrait devoir suivre la loi du carré multiplié par un facteur constant. On arriverait ainsi en effet, par des améliorations partielles et successives, à une augmentation du nombre des voyageurs beaucoup plus considérable que ne l'indiquerait l'amélioration totale.

Nous estimons que la même loi est commune à toutes les classes, et que c'est celle du carré des nombres indiquant combien de fois le même homme peut faire le même voyage, en dépensant la même somme en argent et en temps. La différence qui existe pour la deuxième et la troisième classe provient de ce que les chemins de fer attirent des voyageurs de parcours partiels autres que ceux des diligences, dont il faut tenir compte dans les états de circulation, et qui augmentent de moitié les voyageurs de deuxième classe, et du double ceux de troisième classe. C'est d'après cette hypothèse qu'ont été calculés les multiplicateurs rectifiés du tableau.

Supposons que les nombres primitifs des voyageurs belges aient été 1, — 3, — et 6, au lieu de 1, — 2, — 3 qu'indiquent les diligences ; alors les multiplicateurs, au lieu d'être 5, — 8,33, — 21, — et 16,66, deviennent 5, — 5,5, — 10,5, — et 8,33. Les carrés des quotients correspondant à ces derniers nombres, sont 4,88, — 5,71, — 10,36, — et 8,00.

Bien plus, si l'on fait l'application de cette règle aux deux tarifs de troisième classe du chemin de fer belge, on obtient les résultats suivants :

	1er TARIF.	2e TARIF.
Vitesse en kilomètre à l'heure, ou v.	30	30
Prix des places, ou p.	0f,0275	0f,036
Valeur normale du temps du voyageur par heure avec le premier tarif, ou $P = pv$. . .	0f,825	0f,825
Prix d'une heure de voyage, ou $pv + P$. . .	1f,650	1f,905
Prix du kilom. de parcours, ou $\dfrac{pv + P}{v} = m$.	0f,055	0f,0635
Nombre des voyageurs, ou n et n'.	64	50

D'où l'on déduit le quotient $\dfrac{m}{m'} = 0,866$ et le multiplicateur $\dfrac{n'}{n} = 0,78$. Or le quarré du quotient 0,866 est 0,75, chiffre peu différent du multiplicateur 0,78 (1).

Quoi qu'il en soit de cette loi de multiplication que nous sommes loin de donner pour une vérité mathématique, les chiffres prouvent d'une manière irrécusable que l'économie des frais de voyage résultant de la réduction du prix de la place et de la diminution de dépense de temps réduite en argent, a une in-

___

(1) Il résulterait de cette augmentation de voyageurs de deuxième et de troisième classe, sur les routes de terre, que les chemins de fer n'auraient pas multiplié le nombre des voyageurs autant que l'indiquent les statistiques publiées. Sans discuter le mérite et l'exactitude de ces statistiques, nous pouvons opposer à celles qui annonçaient le multiplicateur du chemin belge, l'autorité de M. Teisserenc qui dit dans son rapport au ministre, que le rail-way belge a provoqué entre Bruxelles et Anvers, un mouvement octuple de celui qui existait avant sa construction. C'est aussi à cette proportion que notre hypothèse ramène le multiplicateur moyen.

fluence directe sur la circulation. Par conséquent, il est probable que l'on eût atteint le plus grand multiplicateur, si en changeant le mode de transport on eût donné à chacune des classes sur lesquelles on agissait, la vitesse et le tarif procurant le *minimum* de dépense.

Cette vitesse et ce tarif déduits de la formule

$$v' = \frac{\sqrt{P'\,v}}{\sqrt{p}} \qquad p' = \frac{\sqrt{P'\,p}}{\sqrt{v}} \qquad (1)$$

donnent pour les voyageurs de première classe des diligences belges, dont le temps valait $1^f,25$ l'heure, une vitesse de kilom. 22,60 au lieu de 30 kilom., et un tarif de $0^f,054$ au lieu de 0,072 ; le prix du kilomètre parcouru devient alors 0,108, et le quotient 2,31 ; le carré de ce quotient 5,33, indique que l'on aurait par ce tarif augmenté le nombre des voyageurs du chemin de fer, d'un dixième environ.

La même formule indique que le tarif et la vitesse qui auraient le mieux convenu aux voyageurs de seconde classe des diligences de Liverpool, dont le temps valait $2^f,10$ l'heure, auraient été kilom. 25,08 au lieu de 36, et $0^f,0836$ au lieu de $0^f,12$. Le prix du kilomètre parcouru eût été 0,167 et le quotient 1,80. Le carré de ce quotient indique que ce tarif et cette vitesse auraient multiplié les voyageurs en diligence de deuxième classe par 3,24 au lieu de 2,66, et ce facteur aurait été encore augmenté si le tarif comparé

____

(1) Voir page 110.

à celui des voyageurs de première classe avait été proportionnel au poids brut déplacé.

En appliquant à nos chemins de fer comparés aux messageries la loi de l'augmentation du nombre des voyageurs, trouvée plus haut, on reconnaît que les prix de $10^c,5$, — $8^c,5$, — et $6^c,5$, avec une vitesse de 32 kilom. à l'heure, substitués aux prix des messageries de $0^f,1375$, — $0^f,1175$, — et $0^f,10$, avec une vitesse de 10 kilom., doivent créer une circulation moyenne

Trois fois plus forte pour la première classe ;

Cinq fois plus forte pour la seconde classe ;

Huit fois plus forte pour la troisième classe ;

ce qui établit une moyenne six fois plus considérable que par les diligences. Mais il est probable qu'une statistique rigoureusement faite ne laisserait que les multiplicateurs 3, — 3,5 — et 4, ce qui donne un multiplicateur moyen de 3,66.

Il est vrai qu'aucun chemin de fer en exploitation n'a jusqu'à présent produit cette révolution. Mais il faut avoir égard et au peu de durée de leur service, et à l'état des moyens de transport qu'ils ont remplacés. Or, ces moyens de transport sur les routes bien fréquentées, les seules parallèlement auxquelles on ait construit des chemins de fer, sont tels que la vitesse est de 12 kilom. à l'heure, et le prix des places de 12^c, — $10^c,6$ — et $9^c,4$ par kilomètre.

Souvent même il existait encore d'autres moyens de transport par eau plus économiques. Quelquefois aussi les lignes de fer plus longues que les routes ordinaires, rendent le trajet tout aussi coûteux, malgré la baisse du tarif pour l'unité de distance. Toutes ces causes réunies font que probablement le chemin de fer de Rouen ne doublera jamais le mouvement des voyageurs entre cette ville et Paris, à moins que quelque cause étrangère ne vienne ajouter son action à la puissance attractive du chemin de fer.

Enfin, nous le répétons, nous n'avons pas voulu donner une loi d'attraction pour les chemins de fer ; il y a d'autres causes que celles dont nous avons tenu compte qui concourent à créer cette attraction, et il faudrait d'ailleurs un grand nombre de termes de comparaison pour être autorisé à conclure que cette puissance d'attraction est réellement soumise à une loi invariable.

Toutefois il est un fait définitivement acquis à la science, c'est que cette attraction est liée à l'économie des transports ; et ce serait certes une erreur de croire que sur toutes les lignes à construire l'accroissement du nombre des voyageurs sera aussi considérable que nous l'avons admis plus haut en moyenne.

En effet, sur les points du territoire où la circulation est déjà très-active, cette activité est due à un moyen de transport plus rapide et moins coûteux que les diligences : nous voulons parler des bateaux à vapeur sur les rivières. Malgré la longueur du trajet ordinairement plus grand par les voies navigables que par les routes de terre, la moyenne des prix n'est pas, sur les premières, moitié de ceux que devront prendre les chemins de fer. Ainsi l'accroissement dû dans ces circonstances à une vitesse plus grande, sera en partie annulé par une augmentation de la dépense. Lorsqu'un chemin de fer devra remplacer, dans le service des transports, une voie navigable à la vapeur, le nombre des voyageurs pourra ne pas en être augmenté (1).

En conséquence, lorsque deux lignes se présentent pour établir un chemin de fer, toutes circonstances égales d'ailleurs, l'une parallèlement à une voie navigable à la vapeur, l'autre parallèlement à une route ordinaire, il importe dans l'intérêt général, dans l'intérêt de la justice distributive, dans l'intérêt de l'égale répartition de la richesse entre les différentes parties d'un état et de l'équilibre si nécessaire à sa tranquillité ; il importe, dis-je, de donner la préférence à la deuxième ligne. On fait aux populations qui se trouvent sur le passage de cette ligne un avantage égal à celui que la nature a fait à celles qui sont sur le passage de la ligne rivale, et l'on ne doit pas être arrêté par la considération que sur la ligne navigable on trouve déjà une circulation établie cinq ou six fois plus forte que sur la ligne desservie par les messageries. La circulation assurée au chemin de fer sera plus considérable du côté de la voie de

(1) Une voie de fer tracée parallèlement à une rivière navigable sur laquelle serait établie une navigation à la vapeur faisant quotorze kilomètres à l'heure en moyenne, et donnant le transport au prix de six centimes les premières et quatre centimes les secondes par kilomètre, ne changerait pas les conditions économiques du transport, si la vitesse sur le chemin de fer était de trente-deux kilomètres et les tarifs de $10^c,5$; — $8^c,5$, — et $6^c,5$. Un tel rail-way ne ferait que partager avec la voie navigable les voyageurs disponibles.

terre, puisque la circulation de la ligne navigable ne fera que se partager, tandis que celle de la route de terre se multipliera par trois ou quatre.

D'après les principes que nous avons émis dans le précédent paragraphe sur la relation qui existe nécessairement entre le prix qu'un homme peut mettre dans ses frais de déplacement et sa position de fortune, relation qui est telle que le tarif étant proportionnel à la vitesse, le prix le plus convenable est celui qui représente la valeur du temps employé au voyage; nous pouvons maintenant indiquer les classes de voyageurs auxquelles les différentes places sur les chemins de fer conviendront le mieux en France :

Les premières places conviendront aux hommes qui gagnent 3^r,36 par heure ; les deuxièmes aux hommes qui gagnent 2^r,72, et les troisièmes à ceux qui gagnent 2^r,08 (1).

Ces tarifs ne sont pas à la portée des classes nom-

(1) En représentant la valeur du temps par la somme gagnée pendant ce temps, il semble d'abord que cette appréciation ne puisse concerner que le prolétaire ; l'homme d'affaires, de science ou de plaisir, n'a pas en effet son temps compté heure par heure ; mais il est évident cependant qu'à la fin de l'année les bénéfices, les appointements ou les rentes ont donné une somme qui, repartie sur toutes les heures de travail, donnent une valeur effective à ces heures. Du reste cette valeur sera très-élastique, pour un homme d'affaire surtout ; il y aura telle heure où il gagnera cent fois plus que dans telle autre. Aussi telle affaire permet-elle de payer la grande vitesse, et telle autre ne le permet-elle pas. Alors on dit qu'elle ne vaut pas la peine de se déplacer; mais il serait plus exact de dire qu'elle ne vaut pas le temps que l'on emploierait à la poursuivre. Quant aux voyages de pur agrément, un homme est toujours libre d'estimer un plaisir le prix qu'il lui coûte.

breuses, car on ne peut considérer comme telle celle qui gagne vingt à trente francs par jour, ou qui, par extraordinaire, peut acheter une journée de plaisir à ce prix. La classe la plus nombreuse qui puisse fournir des voyageurs en France, est celle dont le temps vaut vingt-cinq à trente centimes l'heure, la classe ouvrière enfin. On dira qu'aujourd'ui cependant elle voyage peu. C'est vrai; mais pourquoi? Parce qu'il n'y a guère que le voyage à pied qui soit à sa portée; et le voyage à pied est cependant encore assez coûteux comme on va le voir. En effet, au chemin de fer l'ouvrier paiera 2ᶠ,08 en une heure, et si son temps vaut trente centimes, il dépensera effectivement 2ᶠ,38. Si au contraire il voyage à pied, il ne paiera rien pour son transport, mais il dépensera 2ᶠ,40 pour son temps, parce qu'il mettra huit heures à faire le même trajet. Si l'on compte la chaussure et la fatigue on verra que la liberté de voyager à pied ne peut le tenter. Alors il reste dans la ville où le travail a cessé, et il attend avec résignation le moment où il pourra se remettre à l'ouvrage.

Cependant, comme le travail ne cesse pas partout à la fois, il est évident que l'ouvrier se déplacerait si le voyage n'était pas aussi coûteux pour lui. Un moyen de transport qui serait à la portée de sa bourse et de la valeur de son temps, lui serait donc très-utile et créerait en même temps une nouvelle classe de voyageurs. Pour arriver à résoudre le problème de la locomotion en faveur du prolétaire, il suffit, d'après ce que nous avons dit de la loi de la locomotion, de diminuer assez la vitesse pour que cette vitesse à l'heure, multipliée par le tarif proportionnel, produise 0ʳ,30. On trouvera ainsi que la rapidité qui convient au transport des ouvriers par chemin de fer, est de 10 kilom. 70 par heure, et le tarif 2ᶜ,84 par kilomètre. A ces conditions, le voyage de l'ouvrier lui coûtera 0ʳ,60 au lieu de 2ʳ,38 par heure. Il est vrai qu'il fera moins de chemin dans l'unité de temps; mais, compensation faite entre les vitesses et les tarifs, la petite vitesse lui coûtera 22ᶜ,7 par lieue, et la grande vitesse 29ᶜ,7 ou 30 p. 0/0 plus cher.

La différence serait plus grande si l'ouvrier voyageait pendant la nuit, ce qui peut se faire à petite vitesse, au lieu de voyager le jour comme on y est obligé en le faisant avec rapidité. Alors, en effet, la valeur de son temps ne viendrait pas augmenter le prix de son déplacement, du moins tant que ce déplacement n'aurait pas lieu à des distances de plus de vingt-huit à trente lieues. Par conséquent, le coût consistant dans ce cas en l'argent réellement déboursé, ne serait que de 11ᶜ,03 par lieue au lieu de 22ᶜ,7. Cette distinction est d'autant plus rationnelle, que l'ouvrier et le petit industriel ne se déplacent guère que pour se transporter d'un centre manufacturier dans un autre. Or, en France, ces centres manufacriers sont généralement distants de 25 à 30 lieues; par conséquent cette distinction est applicable à une classe excessivement nombreuse de voyageurs (1).

(1) Cette distinction entre le prix déboursé en argent et la valeur totale dépensée, est encore rationnelle, même pour les voyages de

Il semble au premier abord que le nombre des voyageurs de cette classe n'augmentera pas, puisqu'en abaissant les tarifs on diminue en même temps la vitesse dans le même rapport. Cependant, si l'on y réfléchit un peu, on comprendra que l'augmentation du nombre des voyageurs, suivant une certaine loi, peut être vrai quand on considère la société dans son ensemble ; mais qu'elle est sujette à erreur si l'on en considère seulement une partie.

Reprenons notre raisonnement sur la loi d'accroissement de la circulation. Nous avons dit qu'elle était en raison du carré du quotient des dépenses effectuées, en temps en argent, par un même homme, et pour deux modes différents de transport.

Il est évident que la classe de la société qui, à cause de sa fortune, en est venue à estimer le temps au-delà de la valeur en argent qu'elle peut posséder dans cette unité de temps, fournira à la locomotion une augmentation plus forte que celle indiquée par la loi.

D'un autre côté, à l'autre extrémité de l'échelle sociale, est une classe que le temps touche moins que

jour quand il s'agit du prolétaire. En effet, son existence aléatoire ne l'attache plus à aucun intérêt, le jour où le travail manque à ses bras. Alors il ne peut pas dire, si j'emploie un jour à voyager, je perds la valeur de mon temps : ce temps n'a plus de valeur.

Cependant il lui est nécessairement plus économique de voyager en chemin de fer en payant sa place, que de voyager à pied pour rien. Dans le premier cas, il peut en quelques heures retrouver du travail ou revenir chez lui ; dans le second cas, il est obligé à une absence de plusieurs jours.

sa valeur monétaire ; aussi celle-là doit être moins empressée de fournir à la locomotion un contingent proportionnel à la loi.

Et il faut bien qu'il en soit ainsi, puisqu'au chemin de Liverpool où le contingent d'augmentation est principalement fourni par la classe aisée, la loi d'accroissement est la même qu'au chemin belge où le contingent est produit par les prolétaires : ce fait est remarquable et vaut bien qu'on le médite. A Liverpool on fait payer à la classe moyenne le service rendu un peu plus cher qu'il ne vaut, et elle n'occupe que sept places sur quatre ; en Belgique, au contraire, on donne les dernières places au-dessous de leur valeur, et les 4/5 d'un convoi, ou même davantage, sont composés de ces places.

Mais il est évident que la vitesse de neuf lieues n'est pas encore celle qui convient aux hommes opulents ou occupés de grandes affaires. Elle appartient en effet à une classe de la société dont le temps vaudrait à Liverpool 5^r,40 l'heure. Cette même vitesse est au contraire au-dessus des ressources de la classe moyenne, puisqu'elle suppose à son temps une valeur de 4^r,32 par heure. La classe moyenne fait donc un sacrifice en voyageant, ce qui restreint le contingent qu'elle fournit au chemin de fer. La classe opulente, au contraire, ne va pas encore assez vite pour être suffisamment sollicitée à fournir constamment de son côté toute la partie de la population susceptible de voyager. Il est donc probable que si le convoi traîné à une vitesse de neuf lieues à l'heure était divisé en deux convois, l'un traîné à la vitesse de quinze lieues et l'autre à la vitesse de cinq lieues par exemple, les chiffres 6 et 2,66 représentant les multiplicateurs des voyageurs en diligence avant la construction du rail-way, augmenteraient sensiblement dans les deux cas ; car si chaque classe est également favorisée, il évident que les progressions partielles seront également plus fortes. Par conséquent, en graduant les tarifs et les vitesses, on atteindra le maximum d'accroissement de la circulation.

§ VI. — *De l'influence des tarifs et de la vitesse sur le transport des marchandises.*

Ce que nous venons de dire des voyageurs s'applique également aux marchandises, et nous ne nous appesantirons pas beaucoup sur cet objet.

Pour la plupart des marchandises, la valeur du temps est à peu près nulle, comparée au tarif du transport, et pour la plupart aussi quelques jours de plus en voyage ne sont pas un sacrifice qui ne puisse s'acheter au moyen d'une économie dans le transport.

Cependant l'on voit sur les chemins de fer en France, tarifer les marchandises 10, — 12, — 14, — 16 et jusqu'à 20 centimes la tonne. Il est vrai qu'on les fait voyager plus vite que les lettres ; mais où est l'utilité de cette onéreuse vitesse ? Qu'il soit préférable de payer seize et vingt centimes par tonne pour le transport des marchandises, avec une vitesse de vingt kilomètres par les chemins de fer, que de payer vingt-cinq centimes par le roulage, avec une vitesse du sixième ; ce n'est pas contestable. Qu'il y ait même pour certaines marchandises de valeur, ou qui peuvent redouter les inconvénients du transport par eau, avantage à suivre la voie de fer plutôt que la voie navigable, lorsque les deux voies sont en concurrence ; on ne peut le nier, puisque les faits le démontrent. Mais qu'on mette le chemin de fer en opposition avec lui-même, et qu'on dise si pour les cas énoncés la vitesse de vingt kilomètres payée vingt centimes est préférable à la vitesse de dix kilomètres payée dix centimes ? Évidemment non.

Nous avons déjà prouvé que si l'on fait voyager les marchandises avec une grande vitesse, c'est parce qu'il n'en peut être autrement aujourd'hui. Il pourrait donc paraître oiseux de traiter la question du transport des marchandises à petite vitesse, s'il n'y avait quelque espérance de hâter la solution de ce problème en montrant tout ce que son application aurait d'important.

La marchandise est comme l'homme, soumise pour son déplacement à certaines lois qu'on n'enfreint pas impunément. L'ouvrier français n'a pas encore son moyen de transport : mais combien de richesses minérales enfouies dans le sol de la France, qui n'en sortiront jamais à la condition d'acquérir une valeur vénale de vingt centimes par kilomètre parcouru.

Jusqu'à présent les chemins de fer ont enlevé au roulage son aliment de transport. Au moyen d'un subterfuge qui fait peser sur l'homme une partie des frais de déplacement des marchandises, ils disputent aux canaux de navigation le peu de matières qu'ils transportent ; mais quant à créer de nouvelles classes de matières à transporter, il n'en a pas été question.

Et pourtant, quand on songe qu'il y a des villes construites avec des matériaux tirés de quinze et vingt lieues de distance, dont le transport s'effectue au prix de un franc la tonne, par lieue, ou trois francs le mètre cube ! Quand on songe qu'il y a des manufactures dont la force motrice s'alimente au moyen de charbon transporté au même prix à une distance deux fois plus considérable ! Quand on songe que, faute de s'écouler à une plus grande distance, grevée qu'elle est par ces frais de transport énormes, la meilleure partie du produit de nos mines reste sur le carreau ! Quand on songe enfin que d'autres mines non exploitées restent entre les mains de propriétaires indifférents, certains qu'ils sont de ne pas trouver d'écoulement à leurs produits dans un pays tributaire de ses voisins pour des produits similaires ; peut-on douter de l'immense utilité des transports à bas prix sur les chemins de fer ?

Il est un calcul bien facile à faire :

Le charbon de terre, par exemple, peut s'écouler jusqu'à trente lieues de distance de la mine avec les moyens ordinaires de transport. Le tarif de cinq centimes par tonne le mettrait donc au même prix à cent cinquante lieues de distance, c'est-à-dire dans un rayon cinq fois plus grand ; c'est-à-dire dans une zone du territoire vingt-cinq fois plus étendue. Que l'on juge de l'accroissement prodigieux que prendrait la consommation et par conséquent le transport, et que l'on dise si ce ne serait pas là une source de grands bénéfices pour une entreprise de chemin de fer qui aurait déterminé cet accroissement?

Ce que nous disons de la houille s'applique également aux autres productions minéralogiques, aux matériaux de construction, aux engrais, et jusqu'aux matériaux d'entretien des routes qui sont indispensables sur tout le territoire, et qui manquent totalement dans plusieurs contrées.

§ VII. — *Frais d'exploitation.*

Sous ce titre nous comprendrons non-seulement les dépenses annuelles, mais encore les intérêts de la dépense primitive. Aucun actionnaire de chemin de fer ne croira en effet avoir fait un bénéfice si, tous frais prélevés, il ne reste de fonds que pour le paiement des intérêts au cours des fonds publics. L'entreprise qui ne paierait pas ces intérêts serait évidemment en déficit.

Nous avons admis, d'après M. de Pambour, que pour un même chemin, toutes choses égales d'ailleurs, les frais d'exploitation étaient proportionnels à la vitesse du transport. Cette proportionnalité n'im-

plique pas nécessairement augmentation ou diminution proportionnelle de ces frais, si la vitesse de tous
les transports d'un chemin était modifiée. Cette loi
générale, résulte de l'application à certains frais invariables, quelle que soit la vitesse du transport, d'une
loi particulière à laquelle sont soumis les frais variables. Cette généralisation nous a paru d'autant plus
rationnelle, qu'en effet, de deux voyageurs, l'un qui
sera transporté à la vitesse de cinquante kilomètres à
l'heure, et le second à la vitesse de vingt-cinq kilomètres, le premier exigera plus de soins et de dépenses dans la construction du chemin, plus de frais
et d'attention dans son exploitation. Ces frais qui sont
fixes pour un même chemin doivent donc peser davantage sur les transports à grande vitesse que sur
ceux à petite vitesse. Quant à la fixation de la quote-
part de chaque voyageur dans ces frais, elle est arbitraire.

Cela posé, il est évident *à priori* que la part de
frais fixes du chemin afférente à chaque voyageur,
sera d'autant moindre que le nombre de voyageurs
sera plus grand ; les frais variables n'augmentant pas
par voyageur, la somme des frais en sera diminuée.
Il est important de pouvoir établir cette somme de
frais pour divers cas déterminés, puisque le meilleur
tarif dont nous avons donné les règles au point de
vue de l'utilité générale, sera, au point de vue de
l'utilité particulière d'une compagnie exploitant un
chemin de fer, celui qui donnera le plus fort excédant
de recettes sur les dépenses.

Les frais d'exploitation d'un chemin de fer forment trois classes : 1° les frais à peu près fixes, c'est-à-dire qui variant peu avec la masse des transports, sont tout-à-fait dépendants de la longueur du chemin. Ce sont les frais d'administration générale ; la surveillance de la ligne ; les dépenses de gares et de stations, et les intérêts du capital de construction ;

2° Les frais variables avec la circulation. Ce sont : l'entretien de la voie ; les dépenses de combustible pour la locomotion ; l'entretien des machines ; le traitement des machinistes et des chauffeurs, et l'entretien des diligences et wagons ;

3° Les frais qui varient principalement avec le chiffre de la recette. Ce sont les frais de perception, de pesage, de factage, de chargement et déchargement, etc. ; et les frais spéciaux d'impôt, de droit fixe, les dépenses extraordinaires, etc.

L'appréciation de ces frais est indispensable pour en faire l'application aux diverses natures de transport.

Les frais de première classe sont donc de quatre espèces.

1°. Les frais d'administration générale qui sont considérables pour un chemin de 20 à 25 kilom. de longueur, mais qui rapportés à un chemin de 100 kilomètres, peuvent servir à établir une moyenne.

Dans ces conditions et pour une masse de transports de 250 000 voyageurs et 50 000 tonnes de marchandises parcourant toute la ligne en 3650 voyages, soit quatre départs par jour de chaque extrémité de la ligne, pour les voyageurs, et un pour les marchandises. Cette espèce de frais peut être estimée 1 200 francs par kilomètre de longueur de chemin exploité.

2°. La surveillance de la ligne, comprenant le traitement des inspecteurs, contrôleurs, surveillants, cantonniers, etc. C'est une dépense d'environ 1 400 francs par kilomètre de chemin.

3°. Les frais de gares et stations comprenant le traitement du personnel, l'éclairage, le chauffage, etc., occasionnent une dépense d'environ 1 000 fr. par kilomètre de chemin.

4°. A ces frais fixes il faut ajouter les intérêts de la dépense de construction, lesquels à raison de 4 pour cent sur un capital de 400 000 francs, font 16 000 francs par kilomètre.

Les frais de seconde classe sont de cinq espèces :

1°. L'entretien de la voie, qui dépend à peu près du tonnage transporté sur la ligne, quoique évidemment un chemin non exploité se détériorerait par l'effet du temps. Nous avons dans le dernier paragraphe évalué cette classe de frais à 0f,40 en moyenne par kilomètre parcouru avec une vitesse de 30 kilomètres à l'heure pour un chemin à faibles pentes. Cette évaluation se rapporte également au chiffre de circulation indiqué plus haut. Ce chiffre donne d'ailleurs 0f,423 pour les transports effectués avec une vitesse de 32 kilomètres et 0f,283 pour la vitesse de 20 kilomètres. C'est donc, pour l'hypothèse qui nous occupe, 1441f,75 de frais annuels par kilomètre de chemin à répartir suivant le tonnage et la vitesse.

2°. La dépense de combustible qui sur les 9/10 des chemins de fer, s'élèvera à 0^f,60 par kilomètre de parcours; c'est, dans notre hypothèse, une moyenne de 1752 francs par kilomètre de chemin pour les voyageurs et de 438 fr. pour les marchandises. Mais le premier chiffre est trop élevé et le dernier trop bas, attendu que les locomotives de renfort, applicables presque exclusivement au transport des marchandises, entrent pour un chiffre important dans ces frais. Nous prendrons en conséquence les sommes 1500 francs et 700 francs pour dépenses relatives.

3°. L'entretien des machines qui n'est généralement compté qu'à 30 ou 40 centimes par kilomètre de parcours, parce qu'on ne comprend pas dans cet entretien le renouvellement intégral du matériel. Nous estimerons la dépense totale à 0^f,60 par kilomètre de parcours, bien que nous soyons convaincu que ce chiffre est inférieur à la dépense réelle. C'est donc une dépense égale à celle de l'article précédent pour chaque nature de transport.

4°. Le salaire des machinistes et chauffeurs qui n'est pas au-dessous de 0^f,20 par kilomètre de parcours, soit, pour chaque nature de transport, un tiers des dépenses du précédent article.

5°. Enfin l'entretien des voitures qui peut être estimé par voyageur transporté à un kilomètre; 1re classe, 3/10 de centime; 2e classe, 2 10 de centime; 3e classe, 1/10 de centime : et l'entretien des wagons qui vaut 1/20 de centime par tonne.

Les frais de 3ᵉ classe sont de deux espèces :

1°. Les frais de perception, de pesage, de factage, de chargement et déchargement, etc., qui peuvent être estimés deux pour cent de la recette des voyageurs, et vingt pour cent du produit brut du transport des marchandises.

2°. Les droits fixes, impôts, frais extraordinaires, etc. qui valent environ 7,5 pour cent du montant de la recette totale.

En faisant l'application de ces éléments à notre réseau de chemin de fer, dans l'hypothèse d'une circulation moyenne de 250 mille voyageurs et 50 mille tonnes de marchandise, on arrive aux résultats consignés dans le tableau suivant (1).

Les éléments de la répartition de la dépense sont :

Vitesse commune des voyageurs, 32 kilom. à l'heure.

Poids bruts déplacés.
Voyageurs de 1ʳᵉ classe, 380 kilogr.
— 2ᵉ — 280 kilogr.
— 3ᵉ — 180 kilogr.

Répartition des voyageurs dans les voitures.
1ʳᵉ classe,..... 1
2ᵉ — 3
3ᵉ — 9

Prix des places.
1ʳᵉ classe,.......... 0ᶠ,105
2ᵉ — 0ᶠ,085
3ᵉ — 0ᶠ,065

Poids brut déplacé par tonne, 1640 kilog. Prix moyen du transport; 0ᶠ,16 par tonne.

(1) Page 140.

Il en résulte un poids moyen brut déplacé par voyageur de 217 kilog, soit pour 250 mille, ci . . . . 54350^{ton}

Le poids brut déplacé pour les 50,000 tonnes de marchandises, est de 82,000 tonnes, lesquelles réduites à la vitesse de 32 kilom. font : . . . . . . 51250$^{ton.}$

Total . . . . 105600$^{ton.}$

Tableau des frais de transport à un kilomètre de distance d'un voyageur ou d'une tonne de marchandises.

DÉSIGNATION DE L'OBJET transporté.	1re CLASSE. Frais dépendant de la longueur du chemin.					2e CLASSE. Frais dépendant de la circulation.						3e CLASSE. Frais dépendant de la recette brute			TOTAL général des frais.
	Administration générale.	Surveillance de la ligne.	Gares, stations.	Intérêts de la dépense de construction.	TOTAL.	Entretien de la voie.	Dépense de combustible.	Entretien des machines locomotives.	Salaire des machinistes et chauffeurs.	Entretien des voitures et wagons.	TOTAL.	Frais de perception ordinaires, etc	Impôts et frais extraordinaires.	TOTAL.	
	cent.	cent.	cent.	cent.	cent.	cent.	cent.	cent.	cent.	cent.	cent.	cent.	cent.	cent.	cent.
VOYAGEURS : 1re classe........	0,13	0,50	0,36	5,76	7,05	0,52	1,04	1,04	0,35	0,30	3,25	0,21	0,78	0,99	11,29
2e classe.	0,32	0,37	0,27	4,24	5,20	0,38	0,77	0,77	0,26	0,20	2,38	0,17	0,64	0,81	8,39
3e classe........	0,20	0,24	0,16	2,72	3,32	0,25	0,49	0,49	0,16	0,10	1,49	0.13	0,49	0,62	5,43
Marchandises.	1.16	1,35	0,97	15,52	19,00	1,40	1,40	1,40	0,46	0,05	4,71	3,20	1,20	4,40	28,11

On remarque dans ce tableau : 1° que les frais de première classe sont considérables et s'élèvent pour la circulation prise pour exemple aux deux tiers des dépenses totales ; il en résulte qu'une circulation doublée en réduisant ces frais de moitié, diminuerait d'un tiers la dépense par unité ; 2° que les voyageurs de première classe ne paient pas les frais de leur transport, qu'ainsi toute mesure qui tendrait à en accroître le nombre aux dépens des deux autres classes, serait préjudiciable aux intérêts du chemin ; 3° que les marchandises constituent l'entreprise du transport en une perte considérable puisqu'elle dépense 28^c,11 par tonne transportée à l'unité de distance, et qu'elle ne perçoit que 16^c, que par conséquent on ne doit pas non plus tendre à l'accroissement du transport des marchandises, s'il en doit résulter quelque gêne dans celui des voyageurs, et par suite une réduction proportionnelle dans leur nombre ; 4°. enfin, que les frais de transport de toute nature sont proportionnels, à 1/15 près, aux poids bruts déplacés et à la vitesse du mouvement.

Il est clair cependant que les frais fixes une fois répartis sur une circulation déterminée, chaque tonne de marchandise transportée au prix de 0^c,16 laisse un bénéfice net, puisque les dépenses de deuxième et de troisième classe ne sont que de 0^c,0911 par tonne. C'est ce qui explique l'adjonction au transport des voyageurs du transport des marchandises qui semblait réservé aux canaux.

D'après ces chiffres, le compte des recettes moyennes et des dépenses moyennes des chemins de fer du réseau français par kilomètre, dans l'hypothèse d'une circulation moyenne de 250,000 voyageurs et 50,000 tonnes de marchandises, s'établirait donc ainsi :

RECETTES.

```
19231 voyageurs de 1re classe, à 10c,50 l'un, ci,   2019f,25
57 693      —         2e    —      8c,50 l'un, ci,   4903 ,90
173 076     —         3e    —      6c,50 l'un, ci,  11249 ,94
50 000 tonnes de marchandises à 16c, prix moyen,   8000 ,00
```

Total,. 26173f,09   26173f,09

DÉPENSES.

```
19231 voyageurs de 1re classe, 11c,29  l'un, ci,   2171f,18
57 693      —         2e    —      8c,39 l'un, ci,   4840 ,44
173 076     —         3e    —      5c,43 l'un, ci,   9398 ,02
50 000 tonnes de marchandises à 28c,11 l'un, ci,  14055 ,00
```

Total,. . . . . .   30464 ,64   30464f,64

Déficit 4291f,54

Soit 1,023 pour cent du capital, qui ne produira par conséquent que 2,977 pour cent.

CHAPITRE IV.

Comparaison des Canaux et des Chemins de Fer actuels.

Partout où des chemins de fer ont été construits parallèlement à des canaux en activité, le produit de ces derniers a diminué d'une manière notable. Mais est-ce à dire que les revenus nets ne suffisent pas à payer l'intérêt des capitaux engagés dans la construction de ces canaux, ainsi que nous avons démontré qu'il en arrivera pour la plupart des chemins de fer ? Non assurément. Les capitaux primitifs engagés dans la construction des canaux qui soutiennent la concurrence avec les chemins de fer, perçoivent encore de forts beaux dividendes : le cours des actions le prouve. Ainsi, de vingt-deux canaux anglais qui se trouvent dans ces conditions, cinq avaient en 1843 leurs actions au-dessous du montant du versement effectué ; mais ces actions n'étaient pas avant l'ouverture des chemins de fer au taux de ce versement. Trois dont les actions avaient été de 30 p. 0/0 au-dessus du taux du versement, se sont trouvés de 40 à 50 p. 0/0 au-dessous. Enfin, quatorze canaux, malgré une baisse considérable, avaient encore leurs actions fort au-dessus du taux du versement. En résumé, la moyenne du versement par action de ces vingt-deux canaux, est de 95 livres sterling 2/3. La moyenne du cours des actions, avant l'ouverture des chemins de fer, était de 518 livres sterling 3/4, et la moyenne, au mois de mars 1843 de 290 livres sterling, ou de trois capitaux pour un. Il n'est pas douteux que les propriétaires qui ont acheté pendant que les canaux faisaient les transports sans concurrence, avec des bénéfices énormes, ont perdu par cette concurrence. Mais on ne peut dire que les canaux eux-mêmes sont en perte et que le mode de transport qu'ils offrent ne peut soutenir la concurrence avec celui que procurent les chemins de fer.

S'il est des transports assurés à la voie de fer, il en est d'autres également assurés à la voie navigable. Les premiers sont ceux des voyageurs, les seconds sont ceux des produits les plus communs du sol. Nous avons vu comment le voyageur n'était pas libre d'économiser son argent en dépensant son temps, et comment l'usage d'une certaine vitesse de transport lui était imposée par sa valeur personnelle. De même, il est certaines matières dont le *temps* est à peu près sans valeur (1). Celles là doivent emprunter les

(1) La valeur du temps d'une matière doit s'entendre, 1o de l'intérêt du capital qu'elle représente ; 2o de la dépréciation de ce capital. Ces deux valeurs sont souvent tellement minimes, qu'il est impossible d'en tenir compte. Supposons, par exemple, que l'on veuille connaître la valeur du temps d'une tonne de houille, estimée dix francs sur le carreau de la mine. Supposons encore que l'intérêt du capital, les soins à prendre pour la conservation de la houille, le loyer du terrain sur lequel elle sera déposée si elle n'est pas vendue,

moyens de locomotion les moins coûteux, abstraction faite de la vitesse. Or les seuls frais de traction et d'entretien nécessités par le transport des marchandises que nous trouvons être sur les chemins de fer de 4°,71 (1), ne sont tout au plus sur un bon canal que de 1°,50 par tonne et par kilomètre. Cette économie assurera aux canaux bien administrés et bien construits le monopole du transport des matières encombrantes, tant que le perfectionnement de la locomotion sur les chemins de fer n'aura pas abaissé des deux tiers les frais de traction.

L'économie de construction des canaux qui coûtent trois fois moins que les chemins de fer, et beaucoup moins encore à administrer, ne grèvent pas d'ailleurs les marchandises des frais indirects considérables qui pèsent sur les objets transportés par un rail-way.

En conséquence, les chances favorables ou défavorables de la concurrence d'un canal et d'un che-

---

valent 50 p. 0/0 de ce capital, et la dépréciation autant, ce qui est énorme ; nous arriverons à un chiffre total de dix francs représentant la valeur d'une année de la tonne de houille : c'est un peu plus d'un *millime* par heure. La formule donnée, page 110, nous indique qu'en temps ordinaire le transport d'une telle matière doit se faire avec une excessive lenteur. Aussi sommes-nous convaincu que les chemins de fer, en concurrence avec les canaux. ne transporteront pas les matières premières de peu de valeur, lorsque les exploitations se feront régulièrement et que les propriétaires des canaux se contenteront, comme ceux des chemins de fer, de recevoir un fort intérêt sur le capital primitif de la construction.

(1) Voir page 140.

min de fer dépendront du nombre de voyageurs que le pays fournira au rail-way, et du tonnage de grosses marchandises qu'il procurera au canal. Les deux entreprises rivales pourront baser leurs tarifs sur ces deux circulations spéciales, et, si les conditions sont également favorables, réduire le tarif au minimum. Alors elles attireront les marchandises manufacturées en fixant le tarif de ces dernières sans égard pour les frais fixes, ainsi que cela a lieu aujourd'hui sur les chemins de fer. Enfin ces marchandises se partageront entre les canaux et les chemins de fer, suivant leur valeur et l'intérêt qu'elles ont à payer la vitesse ou à économiser la dépense, exactement comme les voyageurs et en suivant la loi déjà établie pour ces derniers. Cela est si vrai, que sur plusieurs canaux anglais le prix minimum de transport est resté le même. Enfin, sur ces mêmes canaux, la moyenne du prix des transports s'est plus rapprochée du prix minimum, ce qui indique que, malgré la baisse, les marchandises de première classe abandonnent la voie navigable.

Pour les trois canaux de Londres à Manchester, de Londres à Birmingham, et de Liverpool à Manchester, cette décroissance est indiquée dans le tableau suivant :

NOMS DES CANAUX.	INDICATION DE L'ÉPOQUE.	PRIX PAYÉ PAR TONNE.		
		Mini-mum.	Maxi-mum.	Moyen.
Londres à Manchester....	Avant le chemin de fer.	50ᶠ	175ᶠ	94ᶠ
	Après.	50	112	52ᶠ25
Londres à Birmingham...	Avant le chemin de fer.	25	88	69
	Après.	25	75	50
Liverpool à Manchester.	Avant le chemin de fer.	12	21	18ᶠ50
	Après.	9ᶠ50	14	12

Concluons donc que les chemins de fer enlèvent aux canaux le transport des marchandises que leur valeur avait permis de tarifer à un prix élevé, mais qu'ils ne leur enlèvent pas encore celles dont le prix de transport est fixé au minimum : c'est la classe la plus nombreuse.

Nous n'avons pas en France beaucoup de chemins de fer en concurrence avec des voies d'eau. Néanmoins on peut citer le chemin d'Alsace qui ne transporte que 38 000 tonnes de marchandises, tandis que le tonnage du canal du Rhone au Rhin est de 117 000 tonnes. Le chemin de Rouen ne transporte que 40 000 tonnes, tandis que plus de 400 000 tonnes descendent annuellement la Seine, et que 60 000 tonnes la remontent. Ces faits ne prouvent pas jusqu'à présent que la concurrence des chemins de fer, tels qu'ils sont construits, doive nécessairement ruiner les canaux.

Il nous reste à examiner quelles seront les marchandises qui suivront les voies navigables, et celles qui prendront les rail-ways.

Il s'en faut de beaucoup que le service se fasse sur les canaux français de manière à solliciter le déplacement des choses. Mais évidemment on saura bien, lorsqu'on en sentira la nécessité, tirer d'un beau système de navigation comme le nôtre, tout le parti que les anglais et les américains savent tirer de leurs canaux à petite section. Il faut donc que les concessionnaires de chemins de fer s'attendent à avoir à lutter contre des canaux desservis par un service de batellerie faisant vingt lieues par jour, soit trois kilomètres un tiers par heure, et percevant des droits modérés qui mettront le prix des transports à cinq centimes par tonne et par kilomètre.

Les marchandises manufacturées auront donc à choisir entre une vitesse de 20 kilom. avec un tarif de 16 cent. et une vitesse de 3 kilom. 1/3 et avec un tarif de 5 cent. D'après la théorie que nous avons déjà exposée à propos des voyageurs, la voie de fer conviendra exclusivement aux marchandises dont le temps vaudra pour une tonne 3^f,20 et au-dessus par heure, et la voie d'eau aux marchandises dont le temps vaudra 0^f,166 et au-dessous par heure.

Mais l'appréciation de la valeur du temps d'un objet n'est pas toujours aussi facile que pour la houille. Indépendamment de l'intérêt du capital, des frais de magasinage, de la dépréciation, il faut encore tenir compte de l'à-propos pour la présentation d'une marchandise sur le marché. Ainsi telle marchandise présentée cent jours après sa fabrication aura perdu une partie considérable de sa valeur vénale. Enfin, la dépréciation d'une pareille marchandise ne sera pas régulière ; mais bien plus grande dans les premiers jours que dans les jours subséquents. Par conséquent, elle pourra supporter dans ces premiers jours des frais de transport plus élevés.

Eclaircissons ceci par un exemple. Supposons qu'il s'agisse de transporter de Lyon à Paris une tonne de marchandise manufacturée d'une valeur de 6 000 fr. Toutes les circonstances que nous avons déjà énumérées feront perdre à cette marchandise cinq pour cent de sa valeur dans les dix premiers jours de sa fabrication, soit 300 fr. Le temps de cette marchandise dans cette période de dix jours vaudra donc 1^f,25 par heure.

La voie navigable et le chemin de fer seront à peu près de même longueur, par conséquent il suffit de faire l'application de la dépense à l'unité de distance. Le prix du transport de la tonne à un kilomètre par chemin de fer se composera donc des 16^c du tarif, plus un vingtième de la valeur de l'heure, soit 6^c,25 : ensemble, 0^f,2225.

Par la voie navigable, ce prix sera de 0^f.05, prix du tarif, plus les trente centièmes de la valeur de l'heure, soit 37^c,5 : total 0^f,4250

Cette marchandise prendra donc la voie de fer.

Mais qu'il s'agisse de transporter une tonne de houille dont la valeur de temps n'est pas appréciable ;

les tarifs étant de 10 et 5 centimes, cette marchandise prendra de préférence la voie d'eau, à moins de quelque circonstance particulière, telle que le manque de houille sur le marché qui donne à cette marchandise une valeur d'à-propos plus considérable. En définitive, le transport de la houille de Lyon à Paris coûterait 55 fr. la tonne par chemin de fer, tandis qu'elle ne coûterait que 27^f,50 par la voie navigable. Le premier prix équivaudrait à une exclusion du marché de Paris de la houille de provenance lyonnaise, le second prix en permettrait au contraire la vente. Il nous semble que la question posée dans ces termes, ne laisse pas de doute pour la réponse. Dans l'état actuel des choses, les canaux peuvent avoir à côté des chemins de fer leur monopole de transport. Ils laissent beaucoup à désirer ; le service s'y fait avec une lenteur qui le rend plus coûteux ; mais d'un autre côté son amélioration n'exige que peu ou point de dépense. Il ne manque là qu'un stimulant, la concurrence, et l'on peut être certain qu'il en sortira de bons effets pour le public. Un service mieux fait réduira les frais, permettra un abaissement de tarif ; cet abaissement de tarif appellera de nouvelles matières à transporter, et l'on verra naître sur les canaux français l'activité qui règne sur les canaux anglais.

CHAPITRE V.

Application des principes exposés au Chemin de Fer de Montereau à Troyes.

Jusqu'à présent nous avons exposé des principes généraux dont l'application à chaque localité pourrait paraître difficile ; et cependant chaque chemin à construire n'occasionnera pas exactement la dépense que nous avons indiquée. Les uns coûteront plus, les autres moins. La circulation ne sera pas non plus celle que nous avons supposée moyenne pour tous les chemins de fer. Chaque ligne exigera donc une étude spéciale, et nous allons faire cette étude pour la ligne de Troyes à Montereau, qui nous paraît offrir, entre toutes les lignes secondaires ou parties secondaires de lignes principales, les conditions les plus favorables d'exécution et d'exploitation.

Les éléments du problème sont ceux-ci :

La distance à parcourir entre Troyes et Paris par Montereau, ne sera que d'un vingtième plus longue par le chemin de fer que par la route la plus directe.

Les voyageurs actuels sont de quatre classes :

Les voyageurs en voitures de poste ou en malles-postes, dont le prix commun de transport peut être estimé 20 centimes par kilomètre, et la vitesse commune 15 kilomètres à l'heure ;

Les voyageurs en diligences qui font 12 kilomètres à l'heure et qui paient, 1re classe 12c,5, — 2e classe 11c,25, — et 3e classe 10c par kilomètre.

La circulation existante des voyageurs, réduite au parcours total de Montereau à Troyes, est d'environ 62 000 voyageurs (1) qui se répartissent à peu près ainsi :

Malles-postes et voitures de poste,	2 000
1re classe de diligences, . . .	10 000
2e —	20 000
3e —	30 000
Total égal. . .	62 000

(1) Douze diligences partent chaque jour de Troyes pour Paris ou arrivent de Paris à Troyes et y laissent ou prennent annuellement . . . . 47 450 voyageurs.

Trois voitures des environs de Troyes, dans la direction de Montereau, transportent un nombre de voyageurs qui, réduit au parcours total, produit, ci, ... 1 363 id.

Une diligence de Nogent à Paris donne,. . . 4 117 id.

Id. de Nogent à Montereau, ... 5 138 id.

Id. de Nogent à Bray, ... 100 id.

Quatre carrioleurs de Bray à Montereau, . . 748 id.

Une diligence de Provins à Paris, entre Bray et Montereau, ... 1 093 id.

Id. de Provins à Troyes, entre Nogent et Troyes, 1 224 id.

Total (non compris les voyageurs en poste), 61 233 voyageurs

Le mouvement des marchandises, réduit au parcours total dans la direction de Montereau à Troyes, est d'environ 100 mille tonnes, savoir :

Par messageries, .   1 500 tonnes.
Par accélérés, . .   6 500   id.
Par roulage ordinaire, 92 000   id.

Total égal. 100 000 tonnes.

Il y a bien encore 50 000 tonnes de marchandises qui suivent la voie d'eau entre Montereau et Romilly, mais ces marchandises continueront à suivre la même voie.

De plus, lorsque cette voie sera ouverte jusqu'à Troyes, on doit s'attendre à la voir transporter les deux tiers du tonnage du roulage ordinaire, de sorte qu'il ne restera que 30 000 tonnes au chemin de fer.

Enfin, 12 000 têtes de gros bétail et 40 000 têtes de menu bétail parcourent aujourd'hui toute la distance de Troyes à Montereau.

Le tarif des places des voyageurs sera, d'après le tarif légal, 10^c,5, — 8^c, — et 6^c; mais comme la distance à parcourir sera d'un vingtième plus longue, cet allongement revient à augmenter les tarifs d'un vingtième pour l'unité de distance. Les tarifs comparatifs seront donc 11^c, — 8^c,4 — et 6^c,3. La vitesse des convois sera de trente-deux kilomètres à l'heure, mais l'obligation d'attendre à Montereau le passage d'un convoi pour Paris, pourra faire perdre 1/16 du temps du parcours, ce qui revient à réduire la vitesse à trente kilomètres à l'heure.

Le tarif des marchandises pourra être de 20^c par tonne pour les articles de messageries; 18^c pour les marchandises qui prennent aujourd'hui l'accéléré, et

16ᶜ pour celles qui suivent le roulage ordinaire, tous frais compris (1) ; la vitesse commune sera de vingt kilomètres à l'heure.

L'augmentation de circulation s'établira ainsi, conformément à ce qui a été dit page 114.

Les voyageurs en malles-postes, dont l'unité de parcours coûte aujourd'hui moyennement 0ᶠ,40, ne dépensant plus que 0ᶠ,21, se multiplieront par 3,60.

Les voyageurs de première classe des diligences dépensent aujourd'hui en moyenne 0ᶠ,25, et ne dépenseront plus que 0ᶠ16 ; ils se multiplieront par conséquent par 2,45.

Les voyageurs de deuxième classe dépensent 0ᶠ,225, et ne dépenseront plus que 0ᶠ,13 ; par conséquent ils se multiplieront par $4,35 = (1,5 \times 2,90)$.

Enfin, les voyageurs de troisième classe qui dépensent 0ᶠ,20, ne dépenseront que 0ᶠ,103 et se multiplieront par $7,50 = (2 \times 3,75)$.

La circulation sur le chemin de fer se composera donc :

1ʳᵉ classe,

2000 voyageurs de malles-postes multipliés par 3,60.   7200

10000 voyageurs de 1ʳᵉ classe des diligences, multipliés par 2,45,. ci 24500

    31700

A reporter. 31700

---

(1) Le tarif, non compris les frais spéciaux, est de 18ᶜ, 16ᶜ et 14ᶜ.

$$\text{Report.} \dots \dots \quad 31\,700$$

2ᵉ classe. 〱 20 000 voyageurs de 2ᵉ classe
des diligences multipliés par
4,35, ci, ... 87 000

3ᵉ classe. 〱 30 000 voyageurs de 3ᵉ classe
des diligences multipliés par
7,50, ci, ... 225 000

$$\text{Total,} \dots \dots \quad 343\,700$$

Le multiplicateur moyen sera donc 5,543.

Le transport des marchandises se composera :

1ʳᵉ classe, 1 500 tonnes d'articles de messageries, qui
vu la grande baisse de prix pourront se
multiplier par 4. En outre ces articles étant
pour la plupart d'un poids moindre que celui sur lequel le prix du transport est perçu,
le poids inscrit pourra encore être doublé.
Ce sera donc un total de . . 12 000 tonnes.

2ᵉ classe, 6 500 tonnes de transports
accélérés qui pourront être
doublés, ci, ... 13 000   id.

3ᵉ classe, 30 000 tonnes du roulage
ordinaire, ci, ... 30 000   id.

$$\text{Total,} \dots \dots \quad 55\,000 \text{ tonnes.}$$

Enfin le chemin de fer transportera encore tout le
bétail qui s'expédie aujourd'hui dans la direction de
ce chemin. Il est même probable que les facilités
de transport créées par le rail-way, augmenteront

cette branche de commerce. Le prix du tarif est de 15ᶜ par tête de gros bétail et 4ᶜ prix moyen par tête de menu bétail. Nous compterons chaque tête de gros bétail pour une tonne brute déplacée et chaque tête de menu bétail pour un quart de tonne.

Le tonnage brut du chemin de fer à la vitesse de 32 kilomètres, sera donc :

		Tonnes.
31 700 voyageurs de 1ʳᵉ classe, à 380 kilog. l'un, ci,.		12 045
87 000 — de 2ᵉ — à 280 — —		24 360
225 000 — de 3ᵉ — à 180 — —		40 500
55 000 tonnes de marchandises, à 1 640 kilog. l'un, ci,	90 000	
12 000 têtes de gros bétail, à 1 tonne par tête, ci, . . .	12 000	
40 000 têtes de menu bétail à 1|4 de tonne l'une, ci,	10 000	

Total, ... 112 000

Ces 112 000 tonnes seront transportées à la vitesse de 20 kilomètres. Ramenées à la vitesse de 32 kilomètres, elles produisent : 70 000

Total du tonnage à la vitesse de 32 kilomètres, ... 146 905

La construction du chemin de fer, la création d'un matériel suffisant pour une circulation aussi considérable, et l'établissement des bâtiments qu'elle nécessitera, coûteront environ 25 millions, malgré les grandes facilités que donne un terrain presque sans accident. L'intérêt à 4 pour 100 du capital dépensé sera donc d'un million ; soit dix mille francs par kilomètre, ou 6ᶜ,8 par tonne brute et par kilomètre ; ou enfin 4ᶜ,25 par tonne brute à la vitesse de 20 kilomètres à l'heure.

Par conséquent, l'intérêt du capital se répartira de la manière suivante par kilomètre :

Voyageurs, 1re classe, ... 2^c,58

    —   2^c — 1^c,90

    —   3^c — 1^c,22

Marchandises, par tonne, ... 6^c,97

Gros bétail, par tête, ... 4^c,25

Menu bétail, par tête, ... 1^c,06

Le tableau des frais d'exploitation donné page 140 se trouvera alors modifié de la manière suivante :

Frais d'exploitation par nature de transport sur le Chemin de fer de Montereau à Troyes.

INDICATION des NATURES DE TRANSPORT.	FRAIS			TOTAL.
	dépendant de la longueur du chemin. 1re CLASSE	dépendant de la circulation. 2e CLASSE.	dépendant de la recette. 3e CLASSE.	
	cent.	cent.	cent.	cent.
Voyageurs de 1re classe.	3,87	3,25	0,99	8,11
— 2e classe.	2,86	2,38	0,76	6,00
— 3e classe.	1,82	1,49	0,57	3,88
Marchandises 1re classe	10,45	4,71	5,50	20,66
— 2e classe.	10,45	4,71	4,40	19,56
— 3e classe.	10,45	4,71	3,30	18,46
Gros bétail par tête (1).	6,37	2,87	2,62	11,61
Menu bétail par tête. .	1,59	0,72	0,70	3,01

(1) On a pris par tête de bétail un chiffre proportionnel au poids brut déplacé, pour former les deux premières colonnes. La deuxième colonne est égale à 17,5 pour cent de la recette ; soit, dix pour cent pour perception, soins spéciaux, etc., et 7,5 pour cent pour les impôts, etc., comme pour les autres natures de transport.

Et la balance des dépenses et recettes annuelles s'établira ainsi :

INDICATION DES NATURES DE TRANSPORT.	NOMBRE d'unités transportées à un kilomètre.	DÉPENSES		RECETTES		EXCÉDANT	
		par UNITÉ.	TOTALES.	par UNITÉ.	TOTALES.	des dépenses sur les RECETTES.	des recettes sur les DÉPENSES.
Voyageurs, 1re classe.	31700	8c,11	2570f,87	10c,5	3328f,50	»	757f,63
2e classe.	87000	6,00	5220,00	8,»	6960,00	»	1740,00
3e classe.	225000	3,88	8730,00	6,»	13500,00	»	4770,00
Marchandises, 1re classe.	12000 tonn.	20,66	2479,20	20,»	2400,00	79f,20	»
2e classe.	13000 id.	19,56	2542,80	18,»	2340,00	202,80	»
3e classe.	30000 id.	18,46	5538,00	16,»	4800,00	738,00	»
Gros bétail...............	12000 têtes.	11,61	1393,20	15,»	1800,00	»	406,80
Menu bétail...............	40000 id.	3,01	1204,00	4,»	1600,00	»	396,00
Totaux...			29678f,07		36728f,50	1020f,00	8070f,43

L'excédant des recettes sur les dépenses serait donc de 7 050ᶠ,43 par kilomètre, soit 705 043 fr. pour toute la ligne ; ce qui donnerait un dividende de 2,82 pour cent en sus de l'intérêt du capital.

On remarquera que ce serait là un dividende moyen qui serait augmenté les premières années, comme sur tous les chemins de fer, de l'économie résultant d'un matériel d'exploitation entièrement neuf. Que même ce dividende pourrait encore être augmenté de quelques économies sur les frais de 1ʳᵉ classe basés sur une circulation de 250,000 voyageurs et de 50000 tonnes. Ces frais se trouveront toujours un peu trop forts pour les circulations qui dépasseront ce chiffre, et un peu trop faibles pour celles qui resteront au-dessous.

Au reste nous n'avons pas voulu prédire l'avenir du chemin de fer de Montereau à Troyes. Des entreprises aussi vastes sont soumises à des vicissitudes qu'il est impossible de déterminer à l'avance. Mais il n'est pas moins intéressant pour le pays de savoir entre les chances appréciables, celles qui sont favorables ou défavorables aux entreprises en cours d'exécution.

Nous n'avons pas voulu non plus jeter la défaveur sur les entreprises de chemin de fer en général. Il y a de bonnes et de mauvaises lignes. Les premières peuvent et doivent être exécutées sans délai. Quant aux autres, il serait sage d'attendre qu'un progrès de l'art vînt les rendre meilleures, puisque les spéculateurs n'y peuvent trouver que leur ruine, et l'État un surcroît de charge sans compensation.

Dans cette première partie de notre travail, nous avons voulu mettre en évidence les charges onéreuses qui écrasent, dans notre pays, les entreprises de chemin de fer; nous nous sommes efforcé d'indiquer du doigt le côté faible de l'art de la construction de ces chemins. La locomotive a été l'objet de nos études sous le rapport économique, et nous avons fait ressortir les dépenses énormes dont elle est la source.

Dans la seconde partie, nous essaierons de démontrer comment, au moyen d'un progrès facile à réaliser dans la construction de l'appareil de traction, on pourrait modifier la construction et l'exploitation des chemins de fer de manière à en faire profiter toutes les classes de la société, tout en économisant moitié sur le capital de construction. Nous prouverons que l'État, qui se trouve engagé dans une voie de ruine par l'achèvement des canaux et l'exécution simultanée des rail-ways, pourra se dispenser d'achever les premiers, et trouvera dans les seconds une source féconde de revenus.

Nous prouverons enfin que le pays tout entier se trouve grandement interessé à la solution du problème que nous posons; c'est-à-dire à la suppression des canaux de navigation, qui, en facilitant le commerce du transport des matières manufacturées, augmentent, dans un grand nombre de cas, les difficultés de transformation de ces matières, par l'affaiblissement des forces motrices hydrauliques.

FIN DE LA PREMIÈRE PARTIE.

DE LA CONSTRUCTION

ET DE

L'EXPLOITATION

DES CHEMINS DE FER

EN FRANCE.

DEUXIÈME PARTIE (1).

DES PERFECTIONNEMENTS A INTRODUIRE DANS LA CONSTRUCTION ET DANS L'EXPLOITATION DES CHEMINS DE FER.

CHAPITRE Ier.

Du perfectionnement de la locomotion.

---

§ 1er. — *Mode de génération et d'application de la force motrice.*

La construction des appareils locomoteurs devait nécessairement être faite dans l'origine avec la plus grande simplicité. Assez de difficultés restaient à vaincre, sans y ajouter encore celle de réunir dans

---

(1) Un trop long intervalle s'est écoulé entre l'impression de la deuxième partie de ce travail et celle de la première partie. L'auteur, chargé par une compagnie de l'étude d'un chemin direct de Paris à

un très-petit espace, sous un très-petit volume et avec un poids très-réduit, les accessoires indispensables à l'emploi économique de la force motrice. Néanmoins, avec le temps, on a vaincu bien des difficultés, et une partie des accessoires dont nous parlons ont trouvé place entre les brancards du châssis des locomotives. Aussi ces machines ne consomment-elles aujourd'hui que douze à quinze kilogrammes de coke

Mulhouse, a dû sacrifier aux devoirs impérieux que lui imposait sa mission l'à propos d'une publication qui, par sa nature, par les matières qu'elle traite, demandait une conception et une publication simultanées. Ce qui est vrai un jour, dans la question des chemins de fer, ne l'est presque plus le lendemain. Aussi quelques idées, quelques détails de la première partie pourront-ils paraître surannés, aujourd'hui que l'expérience est venue contredire quelques-unes des assertions émises. Cependant, l'expérience est venue prouver aussi que la vitesse de 80 kilomètres à l'heure pouvait être atteinte dans un service régulier de transport, ce qui rend moins étrange la proposition de faire les services de malle à 100 kilomètres.

D'un autre côté, les expériences de MM. Gouin et Le Chatellier ont mis en évidence une erreur pressentie par l'auteur et qui avait été commise par les ingénieurs qui les ont précédés. Ces habiles expérimentateurs ont démontré que la pression résistante absolue, éprouvée par les pistons d'une locomotive pendant la période d'émission, aux vitesses ordinaires de marche, s'élève en moyenne à 50 pour cent de la pression motrice absolue, ce qui est loin de concorder avec les résultats qui avaient été donnés par d'autres observateurs. Ainsi se trouve vérifiée la théorie préconisée dans ce travail, et qui indique qu'à une vitesse dont la limite ne s'écarte pas beaucoup de la vitesse maximum atteinte aujourd'hui, il y a équilibre entre la pression résistante absolue et la pression du fluide moteur sur le piston : équilibre qui jusqu'à ce jour avait évidemment limité la vitesse des locomoteurs. Aussi la vitesse de vingt lieues par heure, obtenue en Angleterre, ne l'a-t-elle pas été sans modifications importantes dans l'appareil de traction.

par cheval de force utile, tandis que dans l'origine elles consommaient le double. Cependant, l'inconvénient de cette consommation énorme ne se résume pas en une dépense de combustible à inscrire au chapitre des frais d'exploitation : elle a une autre conséquence, ainsi que nous allons le voir.

Une consommation de combustible quatre à cinq fois plus considérable correspond à une production et à un emploi de vapeur proportionnés. Il en résulte l'obligation de créer tous les organes constitutifs d'un appareil locomoteur dans la proportion d'une puissance quatre à cinq fois plus grande que celle qu'il développe. Le poids s'en ressent tout naturellement et vient augmenter inutilement les frais de construction et d'entretien. Ce poids aurait une utilité s'il était employé à créer l'adhérence qui sert de point d'appui à la force motrice. Mais il n'en est rien : le tiers seulement du poids de la locomotive et de son tender est ainsi utilisé. Donc les deux tiers de ce poids, ou 10 à 12 tonnes, sont traînés avec chaque convoi, sans bénéfice autre que la création d'une force motrice mal utilisée. Ce poids, représentant le quart du poids moyen des convois sur la plupart des chemins de fer, correspond encore, eu égard à la résistance de l'air, à un cinquième environ de la force totale de la locomotive : cinquième qui n'est ainsi créé que pour déplacer un poids inutile. Ceci se comprendra mieux par un exemple. La force nécessaire pour traîner un convoi moyen sur les chemins de Liverpool, de Saint-Germain, de Rouen ou d'Orléans, est à peu près de

25 chevaux représentant, quant à la dépense de vapeur, une puissance en machines fixes, de . . . . **125 ch.**

Le cinquième de cette puissance est appliqué en pure perte à transporter le poids inutile du moteur; soit. . . . . **25 ch.**

Les quatre cinquièmes de la force restante se trouvent perdus dans l'appareil lui-même et sont sans effet sur le transport des objets, ils sont donc également à déduire; soit. **80**

Total à déduire. . . **105** 105

Reste. . . . . . **20 ch.**

Ces vingt chevaux représentent la force réellement utile, et ne font que le sixième de la puissance créée pour produire cette force.

Nous avons déjà vu dans la première partie les conséquences fâcheuses qui sont résultées, pour la construction et l'exploitation des chemins de fer, de ce mauvais parti tiré par la locomotive, de la force développée dans son générateur. Il ne faut pas cependant en accuser les inventeurs. On n'en serait pas aujourd'hui aux perfectionnements, si l'invention n'avait pas vu le jour.

Cet exposé indique suffisamment l'importance d'un perfectionnement dans la locomotion, et permet d'en apprécier les effets.

Ce perfectionnement, tel que nous le comprenons, doit, par une disposition particulière de l'appareil générateur, conserver les rapports établis par l'expérience entre les diverses parties de cet appareil dans les circonstances ordinaires de l'application de la vapeur comme force motrice ; rapports que nous avons fait connaître dans notre introduction, et dont on s'est forcément écarté, sans prévoir les suites qui étaient réservées à l'invention. Il devra en outre utiliser la force motrice dans les conditions d'effet utile remplies pour les meilleures machines ordinaires.

Cette solution du problème de la locomotion qui, nous en avons la conviction, ne se fera pas attendre long-temps, conduira tout naturellement à l'application de la force motrice à chaque roue de l'appareil, de manière à en utiliser tout le poids, pour obtenir une plus forte adhérence en fatiguant moins les rails ; soit que cette application ait lieu directement, soit qu'elle ait lieu indirectement, ainsi que le fait aujourd'hui M. Stephenson, pour les machines destinées à traîner de grands fardeaux à petite vitesse.

Un appareil, construit d'après ces principes, produirait infailliblement une puissance variable avec la résistance, de manière à se prêter à toutes les exigences de tracé, dictées par la plus stricte économie pour la construction des rail-ways.

Nous admettrons ce problème comme résolu, car il le sera, s'il y a quelque utilité à le résoudre ; il le sera, si l'on parvient à démontrer qu'il mettra la locomotion à la portée de toutes les classes de la société, et qu'il créera une circulation trois fois plus considérable que les rail-ways actuels ; il le sera, n'en doutons pas, s'il doit permettre de construire enfin les mails de ce réseau français impossible à réaliser avec le système actuel ; il le sera surtout, s'il permet de porter sur tous les points du territoire la richesse que les canaux ont créée partout où ils ont été construits, en permettant le transport des matières au prix de 6 à 8 centimes par tonne et par kilomètre.

Si l'on veut bien se rappeler le point de départ des chemins de fer, lorsque la compagnie de Liverpool concevait l'idée de créer la locomotion avec une vitesse plus grande que celle des chevaux ; on conviendra que nous sommes plus près de la solution du problème posé, qu'on ne l'était, en 1829, de la solution du problème qui devait se résoudre sur le rail-way de Liverpool à Manchester.

Au jugement de tous les hommes de la science, ce serait, en matière de mécanique, professer une hérésie que de déclarer *impossible* le progrès que nous pressentons. Nous l'admettrons au nombre des choses réalisables. Nous allons même plus loin : si l'administration d'un chemin de fer nous appartenait, nous n'hésiterions pas à ouvrir un concours sur le programme que nous venons d'esquisser, bien certain de voir notre appel entendu et compris par les constructeurs.

Nous supposerons que les locomotives, construites sur des modèles différents, suivant la nature du service qu'elles devront faire, seront portées sur huit ou douze roues formant deux groupes distincts, comme le seraient deux locomotives, et réunies par un châssis articulé, servant de tender et ne gênant en aucune manière les mouvements de chacun des deux groupes (1).

Chaque roue recevra la force motrice directement et supportera un poids proportionné à la vitesse de translation, mais qui étant multiplié par cette vitesse donnera un produit qui sera tout au plus la moitié de celui que l'on obtient en multipliant la vitesse de 30 kilomètres par 3 tonnes, poids minimum porté par les roues motrices des locomotives qui font des transports à cette vitesse. Le poids maximum porté par les roues ne devra pourtant pas excéder le poids de deux tonnes et demie. Ces deux conditions étant remplies, il y aura quelques motifs de croire que la détérioration de la voie causée par le poids de ces locomotives ne sera pas, à égalité de parcours, moitié de celle causée par le poids des locomotives actuelles.

Cela posé, nous admettrons que pour des vitesses de 100 — 60 — 30 — 15 — 7,5 kilomètres à l'heure, vitesses qui à notre avis répondent à tous les besoins de la locomotion, on aura des locomotives du poids de 4 — 6 — 10 — 20 et 30 tonnes. Les quatre premières étant portées sur huit roues et la dernière sur douze. L'approvisionnement de la machine sera porté sur le même châssis, et le tender sera supprimé.

(1) L'on construit aujourd'hui des locomotives à huit roues, ayant à peu près cette disposition quant au charriot.

Quant à la génération de la force motrice, ce n'est pas ici le lieu de développer nos idées à cet égard : chaque constructeur pourra d'ailleurs en avoir de différentes. Le passé répond assez de l'avenir pour que sur ce point il n'y ait pas à craindre d'être pris au dépourvu.

Enfin nous supposerons que l'emploi de cette force sera fait dans les meilleures conditions d'effet utile, et que les machines ne consommeront que trois kilogrammes de coke par heure et par cheval de travail utile, déduction faite des résistances passives et additionnelles de la machine.

Si le problème ainsi posé peut laisser quelques doutes sur sa solution, il n'en laissera pas du moins sur la révolution que cette solution opèrerait dans l'industrie des chemins de fer, et dans l'économie sociale en général. Supprimer une grande partie du temps perdu en voyage par la population d'un pays, c'est augmenter les forces productives du pays, ou les loisirs de ses habitants ; les deux conséquences sont également désirables. Supprimer une grande partie des frais de déplacement qui constituent la presque totalité de la valeur vénale des neuf dixièmes des objets sur lesquels s'exerce le commerce, n'est-ce pas encore travailler au bonheur de l'humanité, puisque avec un même travail on obtiendra plus de bien-être, ou qu'un travail moindre en procurera autant ?

Tout n'est donc pas dit sur la supériorité des moyens économiques et rapides de locomotion, lorsque l'on a prouvé qu'en tant que spéculation, ils présentent une excellente affaire ; aussi, en développant notre système sous ce dernier point de vue, nous n'aurons garde d'oublier ses avantages sous les autres rapports.

§ II. — De la possibilité de multiplier les pentes de deux centièmes, dans les tracés de chemin de fer, et d'admettre des plans inclinés de quatre centièmes pour franchir les faîtes qui séparent les bassins.

Des difficultés de terrain et des motifs d'économie ont fait introduire des rampes assez fortes dans quelques chemins anglais, particulièrement destinés au transport des marchandises, et quelques-unes de ces rampes sont desservies par des machines locomotives, qui paraissent même aujourd'hui préférables aux machines fixes avec câbles, autrefois exclusivement employées sur les plans inclinés. On gravit ainsi des rampes qui ont jusqu'à quatre centièmes d'inclinaison. Ce n'est donc pas par impossibilité matérielle de gravir les fortes pentes qu'on a été conduit à les exclure de nos chemins de fer ; c'est ainsi que nous l'avons déjà dit pour des raisons d'économie d'exploitation inhérentes au système de la locomotive. Toutefois ces motifs, quelque puissants qu'ils soient, paraissent devoir céder un peu devant les difficultés de percement des souterrains, lorsqu'il s'agit de franchir les montagnes qui séparent deux bassins contigus, et il est aujourd'hui universellement admis qu'en pareil cas on peut accepter une pente de 8 à 10 millièmes nécessitant un service de locomotives de renfort.

Cette tolérance n'exclut pas les souterrains, elle facilite seulement leur exécution et diminue leur longueur. L'introduction de rampes de quatre centièmes d'inclinaison dans les tracés, supprimerait au contraire la plupart des souterrains et permettrait d'établir les chemins presque constamment à ciel ouvert ; ce qui ne ferait pas une petite économie sur certains chemins. Or, les rampes de quatre centièmes ne seraient pas plus difficiles à franchir avec des locomotives faisant un service ordinaire, sur des pentes de deux centièmes, que les rampes d'un centième avec les locomotives actuelles. Toute la difficulté se résoud donc à démontrer la possibilité de faire un service ordinaire et régulier sur des pentes de deux centièmes.

Nous donnons dans le tableau suivant les inclinaisons de quelques pentes desservies par des machines locomotives, le poids brut des convois remorqués, locomotive et tender compris ; la résistance en kilogrammes représentée par ce poids brut, eu égard à la résistance ordinaire (1) et à celle produite par la

---

(1) La résistance ordinaire se compose, comme nous l'avons déjà vu dans la première partie, de la résistance du convoi au roulement, estimée les trois millièmes du poids, et de la résistance de l'air qui, pour des convois de 150 à 200 tonnes et une vitesse de 14 à 15 kilomètres, ne dépasse pas 0,00025 du poids. C'est le chiffre que nous avons pris pour les trois derniers chemins. Pour le second chemin, la résistance de l'air est supposée égale à un demi-millième, et pour le premier à un millième. Au reste, ces chiffres ne représentent pas

gravité sur le plan incliné ; le poids employé à créer l'adhérence, et le rapport entre ce poids et l'adhérence supposée égale à la résistance du convoi :

NOMS DES CHEMINS.	Déclivité de la pente en millimètres.	Poids brut des convois en kilogrammes.	Résistance des convois en kilogrammes.	Poids de la locomotive, employé à créer l'adhérence.	Rapport de l'adhérence au poids adhérent.	OBSERVATIONS.
	mil.	kil.	kil.	kil.		
Hartlepool-Dock.......	40	36 000	1 584	16 000	0,176	Machine à 6 roues couplées
Birmingham à Glocester.	27	70 000	2 135	12 000	0,178	Machine à 8 roues, pesant 15 tonnes et portant son approvisionnement.
Alais à Beaucaire......	12	146 000	2 226	12 000	0,185	Machine à 6 roues couplées
Idem..........	6	220 000	2 035	12 000	0,17	
Tous les chemins de fer..	3	180 000	1 125	6 000	0,187	Machine à roues libres.

On peut conclure des rapports inscrits dans ce tableau qu'en comptant les 15 centièmes du poids adhérent, pour représenter la force d'adhérence, on restera dans les conditions ordinaires de la pratique actuelle.

Par conséquent, pour les transports jusqu'à la vitesse de 30 kilomètres à l'heure, dans lesquels la résistance propre du convoi peut être évaluée aux cinq millièmes du poids, et la résistance totale sur des rampes de vingt millièmes aux vingt-cinq millièmes du même poids, les locomotives du poids de 10 — 20 et 30 tonnes pourront traîner des convois de 50 — 100 et 150 tonnes brutes, non compris le poids des locomoteurs. Ces charges devant, ainsi qu'on le verra plus loin, suffire à tous les besoins de la circulation qui se fera sur la plupart de nos chemins de fer, il n'y aurait d'autre motif d'exclure les pentes de deux centièmes que l'augmentation qui en pourrait résulter dans les frais d'exploitation. Or, cette augmentation serait insignifiante avec notre système, quoique aujourd'hui elle dût être considérable à cause des machines de renfort qui devraient stationner au pied de chaque rampe, ou plutôt à cause de la réduction énorme qu'il faudrait faire sur le tonnage des convois, si, comme nous l'admettons, les pentes de deux cen-

exactement la résistance au mouvement, car généralement les convois arrivent au pied des rampes avec une vitesse initiale qui s'épuise en partie pendant la montée ; mais comme il s'agit d'établir des comparaisons dans des conditions identiques, le résultat ne saurait être infirmé par cette circonstance.

tièmes devaient se représenter à chaque inflexion du sol, comme les pentes de trois centièmes sur les routes royales. Aussi, tandis que la dépense de traction serait triplée avec les locomotives actuelles, c'est à peine si ces frais atteindraient dans notre système le chiffre auquel ils s'élèvent aujourd'hui sur nos chemins presque de niveau.

Quant aux transports qui devront se faire avec les vitesses de 60 et 100 kilomètres, ils fourniront un si faible tonnage pour chaque convoi, que dans les cas les plus défavorables l'adhérence du locomoteur sera non-seulement suffisante pour le remorquage sur les pentes ordinaires de deux centièmes, mais encore sur les pentes maximum de quatre centièmes.

Les pentes de deux centièmes ne seront donc plus une entrave pour la locomotion, et pourront être maintenues dans un tracé aussi souvent qu'elles se rencontreront dans le relief du terrain naturel. On peut dès-lors affirmer que dans tous les cas où l'on exécute aujourd'hui des tranchées à ciel ouvert, ou des remblais, ces grands travaux de terrassement pourraient être supprimés et les rails posés sur le terrain naturel, sans autre travail préparatoire que celui qu'exigent les routes royales tracées à trois centièmes de pente.

Bien plus, les viaducs et les souterrains qui se présentent de loin en loin sur toutes les lignes, pourraient être remplacés par des rampes à quatre centièmes d'inclinaison, sur lesquelles les convois de 30 — 15 et 7,5 kilomètres de vitesse à l'heure seront remorqués par une locomotive de renfort spécialement affectée à ce service, et sans réduction sur le tonnage ordinaire.

La raison de ceci est toute simple. Tandis que nous voyons dans la locomotive la force de la vapeur progressivement réduite et promptement annulée par une force contraire, pour peu qu'il faille développer sur un point de la ligne une puissance quadruple de celle nécessaire sur le reste du parcours, nous voyons au contraire les mêmes variations s'opérer dans les machines à vapeur fixes de divers systèmes, sans autre inconvénient qu'un léger excédant dans la consommation proportionnelle du combustible.

Par conséquent créer une adhérence de la part de la force motrice, sur les rails, qui soit, eu égard à la résistance du convoi, le triple de celle obtenue aujourd'hui ; obtenir une force motrice variable du simple au quintuple, sans autre inconvénient dans le cas de l'emploi de la force minimum que le déplacement d'un poids hors de proportion avec cette force et qui en absorberait une portion inutilement, si, en servant à créer une adhérence plus énergique, il ne rendait la direction du convoi plus facile ; enfin, ne consommer qu'une quantité de combustible à peu près proportionnelle à la force employée, telles sont les conditions à remplir par la locomotive pour servir utilement dans l'exploitation des chemins de fer à forte pente.

On nous objectera peut-être qu'il ne suffit pas que les locomotives puissent gravir les fortes pentes, qu'il faut encore qu'elles puissent descendre avec les mêmes charges, sans accélération de vitesse, et de manière à pouvoir s'arrêter en chemin s'il en était besoin. L'accélération de vitesse, au-delà d'une certaine limite, présente des dangers, et doit avoir même dans les limites ordinaires que nous n'atteignons pas avec les fortes charges, l'inconvénient grave d'ébranler fortement la voie et d'occasionner d'importantes réparations. Enfin cette accélération ne permet pas de maîtriser à volonté le mouvement du convoi.

Il est certain que le problème ne serait qu'à moitié résolu, s'il ne contenait aussi la solution de cette dernière proposition. Mais cette solution se trouve encore dans les faits qui se passent actuellement sur les chemins de fer.

Des trains de 180 tonnes brutes descendent sans aucun danger des pentes de cinq millièmes, sous une vitesse de 30 à 35 kilomètres à l'heure, c'est aujourd'hui un principe fondamental de la construction des chemins de fer.

Or à cette vitesse les résistances de toute nature font équilibre à la force résultant de la gravitation ; par conséquent nulle puissance n'est mise en jeu, ni pour accélérer ni pour retarder le mouvement. Supposons maintenant qu'il s'agisse d'arrêter le convoi lancé à cette vitesse, c'est-à-dire d'épuiser la quantité de mouvement qu'il contient. Cela ne pourra se faire qu'en créant des résistances au mouvement, c'est-à-dire en déterminant l'adhérence de tout ou partie du poids sur les rails.

On peut supposer un poids tel porté par les roues

motrices et une force telle imprimée à ces roues, que subitement le convoi change de direction de mouvement, et qu'au lieu de descendre la pente, il la remonte. Mais ce résultat dût-il être atteint par un moyen quelconque, la théorie et l'expérience indiquent également qu'il n'en faudrait pas faire usage. Les voitures se briseraient en mille pièces et ne présenteraient bientôt qu'un monceau de ruines. Ce n'est donc que graduellement et avec d'autant plus de lenteur que le poids et la vitesse acquise de l'objet en mouvement seront plus grands, que l'on peut songer à l'arrêter.

Or on estime qu'un convoi, dans les conditions que nous avons posées, sera bien conduit, si, attelé de deux locomotives ayant chacune leur tender avec freins, deux voitures en sont encore munies. On pourra par conséquent créer une force d'adhérence dépendante de l'enraiement de roues portant vingt tonnes environ, et du ralentissement par la vapeur des roues motrices chargées de 10 à 12 tonnes. Soit en tout un poids adhérent de 30 tonnes.

Nos convois à la vitesse de kilom. 7,5 seraient du même poids que celui que nous venons de prendre pour exemple. La vitesse n'étant que le quart ou le cinquième de celle de ce dernier, leur quantité de mouvement qui pour des poids égaux est proportionnelle au carré de la vitesse, ne serait donc que le vingtième environ de la quantité de mouvement des grands convois d'aujourd'hui. Par conséquent on les maîtriserait tout aussi facilement avec un poids adhérent d'une tonne et demie que ces derniers avec trente tonnes.

Ces convois présenteraient sur niveau une résistance au mouvement égale aux quatre millièmes environ du poids. Ils auraient donc une force accélératrice égale aux seize millièmes de ce poids, lorsqu'ils descendraient les pentes de vingt millièmes ; ce serait 2880 kilogrammes dont il faudrait détruire l'effet par une résistance égale. Deux wagons du poids de dix tonnes pourraient, comme aujourd'hui, être munis de freins et contrebalanceraient la moitié de la force accélératrice. L'autre moitié serait annulée par une légère pression de vapeur sur les pistons à l'opposé du mouvement ; ce qui ne prendrait que la force d'adhérence due au tiers du poids du locomoteur. Il resterait donc un poids disponible de vingt tonnes, au lieu d'une tonne et demie, pour maîtriser le mouvement. Il résulte, en faveur de ce système, une supériorité indépendante des avantages propres à un mouvement plus lent, lequel permettrait d'agir d'une manière plus énergique pour arrêter le convoi, sans fatiguer davantage le matériel. La longueur des pentes qui serait nécessairement moindre pour celles de vingt millièmes que pour celles de cinq millièmes, serait encore un bénéfice de ce système.

Les convois à la vitesse de 15 kilomètres, ne devant peser que 100 tonnes, seraient suffisamment ralentis par les freins de deux voitures du poids de 10 tonnes ; il resterait donc, pour maîtriser le mouvement, toute l'adhérence due à une locomotive du poids de 20 tonnes. Or, à égalité de poids, la vitesse de 15 kilomètres donnerait une quantité de mouvement du dixième de celle du convoi actuel pris pour exemple ; mais les quantités de mouvement étant en raison directe des poids qui dans notre comparaison sont de 180 et 100 tonnes, il en résulte pour notre convoi une quantité de mouvement du dix-huitième seulement de celle du convoi de 180 tonnes, n'exigeant que le dix-huitième de 30 tonnes pour son anéantissement, ou 1666 kilogrammes. Nous nous trouvons donc, pour ce convoi, dans des conditions aussi favorables que pour le précédent.

Enfin les convois à la vitesse de 30 kilomètres, ne pesant que 50 à 60 tonnes, il suffirait à la rigueur, pour les retenir sur les pentes de vingt millièmes, d'armer une voiture de freins. Il resterait pour épuiser la quantité de mouvement qu'ils contiendraient, et qui serait le cinquième de celle des convois de 180 tonnes, toute la force d'adhérence d'un locomoteur de 10 tonnes et les freins de la seconde voiture, soit en tout 15 tonnes. C'est donc, eu égard à la quantité de mouvement, deux fois et demie la puissance dont on dispose aujourd'hui.

Reste les deux convois à grande vitesse, qui seraient composés chacun d'un locomoteur et d'une voiture seulement, et dont par conséquent toutes les roues pourraient être enrayées. Il n'est pas à craindre que ces convois abandonnés à eux-mêmes sur les pentes de 20 millièmes, acquièrent une vitesse qu'il faille modérer. Voici qu'elles seraient les conditions de leur mouvement.

Le convoi de 60 kilomètres de vitesse pèserait **onze** tonnes, c'est-à-dire le seizième du convoi pris pour exemple. Sa vitesse au contraire serait doublée ; par conséquent sa quantité de mouvement serait le quart de celle de ce dernier convoi pour lequel un poids de 30 tonnes est appliqué à créer une résistance modératrice. Pour être dans les mêmes conditions, il suffirait donc d'employer sept tonnes et demie à créer cette même résistance, tandis que l'on peut employer tout le poids du convoi, ou onze tonnes.

Le convoi de 100 kilomètres de vitesse pèserait six tonnes, soit le trentième du convoi pris pour exemple. La vitesse serait triplée. Par conséquent la quantité de mouvement serait réduite au tiers, ce qui exigerait une résistance modératrice de dix tonnes au lieu de six que pèse tout le convoi. Il serait donc dans des conditions moins favorables, s'il ne restait la ressource de réduire la vitesse d'un tiers dans les passages difficiles, condition suffisante pour mettre l'avantage de notre côté.

En résumé, il est incontestable que le service, tel que nous le supposons organisé, présenterait plus de sécurité pour la descente des pentes de vingt millièmes, que le service actuel pour la descente des pentes de cinq millièmes ; mais si l'on ajoute encore cette considération que les pentes de cinq millièmes fussent-elles toutes transformées en pentes de vingt millièmes, ces dernières n'auraient qu'une longueur égale au quart des premières, et qu'elles réduiraient dans le même rapport les chances d'accident qui sont évidemment en raison du parcours, on aura la conviction que le système exposé ci-dessus a une supériorité incontestable sur celui mis en pratique.

§ III. — *De la force à donner aux machines locomotives.*

Les conditions de travail qui seraient imposées aux machines locomotives introduiraient nécessairement quelques modifications dans la puissance à leur donner. Aujourd'hui les locomotives exécutent, dans leur traction sur la plupart des chemins en exploitation, un travail moyen correspondant à une puissance de 20 à 25 chevaux. A cet égard l'activité de la circulation, tant en voyageurs qu'en marchandises, ne paraît avoir que fort peu d'influence sur la force développée. Si les transports sont considérables, on multiplie les départs, ou l'on attèle plusieurs remorqueurs à un même convoi. Dans le cas contraire, on restreint le nombre des départs, et l'on arrive toujours à un convoi moyen ne différant pas essentiellement sur les chemins qui n'ont pas pour principal but le transport des produits des mines. Alors les chargements complets sont des exceptions; mais même alors, les machines ne fournissent guère qu'un travail double de leur travail moyen, car la rapidité du parcours est sensiblement altérée. La consommation de coke est toujours d'environ 350 kilog. par heure.

Dans le nouveau système, la force des machines serait basée sur le tonnage du plus fort convoi que l'adhérence permettrait de déplacer sur les rampes de deux centièmes d'inclinaison, et la dépense de combustible serait proportionnelle à la force développée. Nous allons calculer cette force pour les trois vitesses inférieures et pour le diverses pentes à franchir, en adoptant pour la résistance de l'air la valeur déduite de l'expérience par M. de Pambour, pour des vitesses comprises dans les limites que nous indiquons. Cette valeur est de kilog. 0,0051 par mètre carré présenté à la résistance de l'air et pour un kilomètre de vitesse par heure. Elle varie comme le carré des vitesses.

Pour les transports que nous proposons de faire à la vitesse de kilom. 7,5, la locomotive de 30 tonnes de poids aurait une adhérence suffisante pour remorquer un convoi de 150 tonnes brutes sur les rampes de deux centièmes. Ce convoi serait composé de trente wagons présentant trente mètres carrés de surface à la résistance de l'air. En outre, le locomoteur présenterait sept mètres carrés.

La résistance totale se composerait donc sur niveau (1) :

	kilog.	déc.
1° Des 1/333 de 180 000 kilog., soit.	540	»
2° Des résistances passives du mécanisme, évaluées comme dans les machines actuelles, ...	24	»
A reporter. . .	564	»

(1) V. page 29.

kilog. déc.

Report. . . 564 »

3° De l'augmentation de résistance due au tirage du convoi, estimée 1/2000 de 180 000 kilog., ci. . . . . 90 »

4° De la résistance de l'air sur une surface directe de 37 mètres carrés, mue avec une vitesse de kilom. 7,5 à l'heure ; soit. 10,60

Total. . . . 664,60

Soit 0,00360 du poids en mouvement.

Or le travail d'un cheval vapeur est égal à 36 kilog. transportés à kilom. 7,5 en une heure ; par conséquent le travail brut de la machine sera de chevaux 18,40. Le travail utile, déduction faite des résistances du mécanisme, sera 550 kilog., 60, ou chevaux 15,25. Ce dernier chiffre représente, à proprement parler, la force de la machine, et cette force est un minimum pour le cas d'exploitation que nous envisageons.

La force maximum à développer par l'appareil se trouvera en ajoutant aux 550 kilog., 60 de résistance sur niveau, la portion du poids du convoi agissant en vertu de la loi de la gravitation et indiquée par l'angle d'inclinaison du chemin. Cette portion du poids est au poids total, comme la hauteur à laquelle s'élève le convoi est à la distance horizontale parcourue. Par conséquent, sur une rampe de deux centièmes, le travail de la gravité sera les deux centièmes de 180 000 kilogrammes, ou 3 600 kilog. formant, avec la résistance trouvée plus haut, un total de kilog.

4150,60 ; représentant à la vitesse de kilom. 7,5 une force utile de chevaux 115,30.

Mais attendu qu'il n'y a nulle nécessité de franchir les rampes de deux centièmes avec la vitesse moyenne, qu'il n'y a au contraire nul inconvénient à réduire, pour ce cas seulement, cette vitesse d'un septième, puisque, eu égard à la longueur des pentes de deux centièmes à introduire dans un tracé, il n'en résultera pas l'obligation d'augmenter sensiblement la vitesse sur pentes moindres ou sur niveau, il est évident qu'une locomotive d'un pouvoir vaporisateur correspondant à la force de 100 chevaux, suffira pour les besoins du service.

Dans l'appréciation de la force moyenne dépensée pour les besoins du service, nous mettrons les choses au pire, et nous supposerons un chemin divisé en cinq parties égales, dont l'une sera de niveau et les quatre autres avec des rampes de 5 — 10 — 15 et 20 millièmes. Nous supposerons encore que sur niveau il faudra une force de 20 chevaux, augmentée de quatre chevaux par millième d'inclinaison, ce qui donnera :

Sur chemin de niveau, . . . 20 chevaux.
Sur la rampe de 5 millièmes, . 40 id.
— 10 id. . . 60 id.
— 15 id. . . 80 id.
— 20 id. . . 100 id.

la moyenne de la force développée sera alors de 60 chevaux.

Mais au retour du convoi, les rampes seront des pentes, et comme nous avons vu que toutes les résistances au mouvement n'atteignent pas les quatre millièmes du poids, le convoi descendra sous le pouvoir de la gravité seule, toutes les pentes au-dessus de quatre millièmes. Par conséquent la machine ne devra produire d'effort que sur la partie de niveau. La force moyenne développée sur tout le parcours sera donc à la descente du convoi, de 4 chevaux seulement ; ce qui réduit à 32 chevaux l'effort moyen à produire pour le transport d'un convoi, tant à la montée qu'à la descente. Cette force s'obtiendrait par la combustion de 100 kilog. de coke par heure.

Les 4150 kilog., 60 de résistance, représentant également la force d'adhérence nécessaire sur les rampes de 20 millièmes, ne seraient que les 0,138 du poids adhérent. Par conséquent on se trouverait sous ce rapport fort au-dessous des limites d'adhérence atteintes aujourd'hui.

Pour les transports à la vitesse de 15 kilomètres à l'heure, les convois pourraient être de 100 tonnes brutes, non compris la locomotive qui pèserait 20 tonnes. Chaque convoi se composerait de 20 voitures ou wagons.

La résistance totale sur niveau, non compris les frottements de la machine, serait :

	kilog.	déc.
1° 1/333 de 120 000 kilog., ci. . .	360	»
2° Résistance de l'air sur une surface de 26 mètres carrés, mue avec une vitesse de 15 kilomètres à l'heure, ci. . . .	29,80	
Total. . .	389,80	

Le travail d'un cheval vapeur étant égal à 18 kilog. transportés à 15 kilomètres en une heure, cette résistance exigera de la locomotive une force en chevaux de 21,60. Sur les rampes de vingt millièmes, la résistance se trouverait augmentée de 2 400 kilogrammes, et obligerait à porter la force de l'appareil à 155 chevaux, si la vitesse de 15 kilomètres devait être conservée sur les fortes rampes. Mais comme en réduisant, dans ce cas particulier, la vitesse moyenne d'un tiers, il n'en résulterait pas généralement l'obligation de l'élever de plus d'un vingtième sur les autres parties du parcours, une machine de la force minimum de 20 chevaux et de la force maximum de 100 chevaux, suffira donc pour ce service comme pour le précédent. Un chemin réunissant les mêmes difficultés de parcours, n'exigerait en moyenne qu'une force réduite de 32 chevaux, et une consommation de 100 kilogrammes de coke par heure.

Les transports à la vitesse de 30 kilomètres se feraient par convois de 50 tonnes de poids brut, composés de 9 voitures, locomoteur compris.

La résistance totale sur niveau, déduction faite des frottements du moteur, serait composée de :

	kilog.	déc.
1° 1/333 de 50000 kilog., ci, . .	150	»
2° La résistance de l'air sur une surface de 14 mètres carrés, mue avec une vitesse de 30 kilomètres à l'heure, ci, . . .	64,20	
Total. . .	214,20	

Le travail d'un cheval vapeur étant de neuf kilogrammes transportés à trente kilom. de distance en une heure, cette résistance exigerait de la machine une force minimum de chevaux, 23, 8. Augmentée sur les pentes de vingt millièmes de 1000 kilogrammes dus à la gravité, elle exigerait une force maximum de 135 chevaux, si la vitesse de 30 kilom. était conservée. Mais il suffirait de réduire cette vitesse d'un quart, pour qu'un appareil de 100 chevaux pût, comme dans les cas précédents, suffire aux besoins du service. Et comme dans ces deux cas aussi, la consommation moyenne de coke pourrait être, sur le chemin pris pour exemple, de 100 kilogrammes par heure.

Il nous reste à apprécier la force nécessaire aux machines destinées à remorquer les convois de 60 et 100 kilomètres de vitesse à l'heure, et dont les poids seraient, comme nous l'avons déjà dit, de 11 et de 6 tonnes.

Tout porte à croire aujourd'hui qu'à ces vitesses, la résistance de l'air ne suit plus la loi du carré de la vitesse. Autrement, comment expliquerait-on la vitesse de 100 kilomètres déjà atteinte maintefois avec une locomotive suivie de son tender ?

Mettons en opposition les résistances créées et la force développée, et l'on reconnaîtra qu'il se passe là un phénomène encore inexpliqué, malgré les travaux d'un ingénieur distingué, qui le premier l'a signalé à l'attention du monde savant (1).

Une locomotive et son tender pèsent au moins 16 tonnes, dont les trois millièmes, représentant leur

____

(1) M. Frimot. *De la locomotion.*

kilog   déc.

résistance sur niveau, est de. .   .   .   48   »

En comptant les diverses surfaces directement exposées au choc de l'air, à cinq mètres carrés, on sera plutôt au-dessous qu'au-dessus de la vérité. Or, cinq mètres carrés, mus à la vitesse de 100 kilom. à l'heure, éprouveraient de la part de l'air une résistance de. .   .   .   255   »

Total. .   .   303   »

Cette résistance supposerait dans la machine une force utile de 112 chevaux ; attendu qu'à cette vitesse le cheval vapeur est représenté par un effort de 2 kilog. 70 seulement.

Or voici ce qui se passe dans une locomotive disposée pour la course : la vaporisation est au plus de deux mille quatre cents litres d'eau par heure ; les pistons ont $0^m,32$ de diamètre et $0^m,42$ à $0^m,43$ de course ; enfin les roues ont $1^m,50$ de diamètre ; ce qui établit le rapport de $1 : 5,5$ entre la vitesse des pistons et celle de la circonférence de la roue ; d'où l'on déduit, pour une vitesse de transport de 100 kilomètres par heure, une vitesse des pistons de 5^m par seconde.

Dans cet état de choses, et en admettant que les diverses pertes de vapeur dans les lumières et dans les tuyaux compensent l'économie produite par la détente, on trouve que le volume engendré en une heure, par les deux pistons qui mesurent la vapeur dépensée, est de 2 880 000 litres ; volume qui est 1 200 fois plus grand que celui de l'eau vaporisée, ce qui suppose la vapeur employée à une pression d'une atmosphère et demie. Si l'on admet maintenant que la pression opposée au mouvement du piston ne soit que d'un dixième plus élevée que la pression atmosphérique (1), il restera en pression effective quatre dixièmes d'atmosphère, exerçant un effort de quatre dixièmes de kilogramme sur chaque centimètre carré de la surface des pistons, et par conséquent une pression totale de 640 kilog. sur les deux pistons. La vitesse de mouvement de ces derniers étant de 5ᵐ par seconde, la force brute en chevaux se trouvera représentée par

$$\frac{640 \times 5}{75} = 42 \text{ ch.}, 66.$$

Si de cette force de 42 ch.,66 on retranche le quart pour les frottements de la machine, il restera 32 chevaux nets d'effet utile, soit les 2/7 du travail représenté par la résistance.

Nous serons donc fondé, tout en acceptant la loi de la résistance de l'air, suivant le carré de la vitesse, à faire sur cette résistance des réductions basées sur l'efficacité d'une disposition particulière comparable à la proue d'un navire, et applicable seulement à de très-petits convois. Car, si l'on n'admet pas l'efficacité

(1) Les expériences de MM. Gouin et Le Chatellier font présumer que cette pression opposée dépasse de plus d'un dixième la pression de l'atmosphère.

de cette disposition, on nous accordera du moins la diminution de résistance constatée par les faits.

Voici notre raisonnement pour les convois de 60 kilomètres de vitesse. Ils pèseraient onze tonnes et présenteraient au choc de l'air une surface de six mètres carrés, dont la résistance serait réduite de moitié par la proue.

	kilog.	déc.
La résistance sur niveau se composerait alors de 1/333 de 11,000 kilog.; soit. .	33	»
La résistance de l'air sur une surface réduite de 3^m carrés, mue avec une vitesse de 60 kilom. à l'heure; soit.	55	»
Total. . .	88	»

Et comme le travail utile d'un cheval vapeur est de 4 kil. 50 transporté à 60 kilomètres de distance en une heure, il en résulte que la force minimum de la machine serait de vingt chevaux.

Sur les rampes de vingt millièmes la résistance serait augmentée de 220 kilogrammes, et la force de l'appareil devrait être portée à 68 chevaux pour conserver la même vitesse. Néanmoins il suffirait de pouvoir atteindre un maximum de quarante chevaux, attendu que la vitesse acquise aidant, il ne résulterait pas de cette diminution de puissance une altération de vitesse capable d'entraver le service.

Les convois de 100 kilomètres de vitesse ne pèseraient que six tonnes, et pourraient ne présenter au choc de l'air qu'une surface de trois mètres carrés, dont la résistance serait réduite des trois quarts par la disposition déjà indiquée, plus facile à appliquer à ce convoi qu'au précédent, en raison de son petit volume.

kilog. déc.

La résistance serait donc, déduction faite des pertes de force de la machine, 1/333 de 6000 kilog., ci . . . . 18 »

Résistance de l'air sur une surface réduite de trois quarts de mètre carré, mue avec une vitesse de 100 kilom., ci. . . 38,25

Total. . . 56,25

représentant une force utile de chevaux 20,83, at-tendu qu'à cette vitesse le cheval vapeur ne produit qu'un effort de 2 kil.,70.

Sur les rampes de vingt millièmes la résistance serait augmentée de 120 kilog., ce qui supposerait une force à développer de 65 chevaux et demi ; mais par les mêmes raisons que pour le convoi précédent, le maximum de force à atteindre pourrait être de 40 chevaux.

En résumé, les deux convois à grande vitesse exigeraient une force de 20 chevaux sur niveau, 30 chevaux sur les rampes de cinq millièmes et 40 chevaux sur les rampes au-dessus jusqu'à vingt millièmes. Par contre, ils descendraient sous leur propre poids les pentes de 20, de 15 et de 10 millièmes, et exige-raient 10 chevaux sur les pentes de cinq millièmes. Toute compensation faite, ce serait donc une puissance moyenne de vingt chevaux dépensée pendant tout le parcours, et une consommation de combustible de 60 kilogrammes par heure.

Il est vrai que nous n'avons pas encore démontré la possibilité de gravir les rampes de quarante millièmes dont nous avons indiqué l'introduction dans les chemins de fer, comme une amélioration désirable, afin de franchir les chaînes de montagnes et les vallées, sans travaux d'art considérables.

Ces pentes et rampes ne devant se rencontrer que rarement dans un tracé, il n'est pas besoin de rechercher d'autre moyen que l'emploi d'une locomotive de renfort du grand modèle pour les trois vitesses inférieures.

Quant aux deux convois à grande vitesse, on ne saurait leur imposer un ralentissement aussi considérable que celui résultant de l'emploi de la locomotive de renfort, même pour ce cas exceptionnel. Aussi n'auront-ils pas besoin de recourir à l'emploi de la locomotive de renfort. Leur adhérence propre suffirait, comme nous l'avons vu, pour franchir des rampes de quarante millièmes. Leur vitesse sur ces rampes dépendrait de la force de vaporisation de l'appareil, mais ne descendrait jamais au-dessous de moitié de la vitesse moyenne ; ce qui est une garantie suffisante d'ordre et de régularité dans le service.

§ IV. — *Frais de traction avec le nouveau système.*

Les frais de traction, comprenant la conduite des machines, la consommation du combustible et les dépenses d'entretien du matériel, qui sont aujourd'hui en raison directe de la vitesse des convois, différeraient peu dans notre système, attendu que les appareils se trouveraient toujours dans les mêmes conditions de conservation et de bonne fonction, quelle que soit la force employée entre les deux limites indiquées.

Ces frais doivent néanmoins être appréciés séparément.

La conduite des convois de 7 kilom., 5 de vitesse tiendrait les chauffeurs et mécaniciens quatre fois plus de temps en route que ne le fait la vitesse d'exploitation adoptée aujourd'hui. Mais il n'y aurait pas autant de temps perdu, et le service ne serait pas aussi difficile ; ce qui nous fait supposer que la conduite de ces convois coûterait, par kilom. parcouru, le même prix que les convois actuels; soit   0^f,200

La force moyenne employée serait de 32 chevaux (1) consommant 100 kilog. de coke par heure, soit 13 kil.,33 par kilomètre, estimés, ...   0^f,665

L'entretien annuel et les dépenses diverses relatives au locomoteur peuvent être comparés aux mêmes frais occasionnés

A reporter. . .   0^f,865

(1) V. page 184. Il ne faut pas perdre de vue que cette dépense de force n'aurait lieu que sur les chemins dont les conditions de tracé seraient fort difficiles, et telles qu'une rampe continue de cinq millièmes doublerait la longueur de la voie.

Report. . . 0^f,865

par une machine fixe de même force, tra-
vaillant pendant le même temps.

Or, les machines à vapeur fixes ne
coûtent pas plus de cent francs d'entretien
annuel par force de cheval, soit 3200 fr.
pour 32 chevaux. En triplant cette dépense, on arriverait au chiffre de 9600 fr.
pour frais d'entretien d'une locomotive
parcourant, terme moyen, 100 kilomètres
par jour, ou 36500 kilom. par an; soit
par kilom. de parcours, ... 0^f,265

Prix de traction par kilomètre de parcours, pour les convois de 7 kil. 50 de
vitesse, ci. . . . . 1^f,13

Les machines devant, selon nous, fonctionner
chaque jour pendant le même temps, il en résultera
des parcours quotidiens différents, et par conséquent
des frais de conduite moindres pour les grandes vitesses que pour les petites. En outre la conduite étant
moins difficile, puisque la quantité de combustible
consommée est moindre dans le même temps, nous
pensons que les frais de conduite, sans diminuer en
raison inverse de la vitesse, pourront du moins
diminuer d'un tiers environ avec une vitesse
doublée.

D'après cet exposé, les convois à la vitesse de 15
kilomètres coûteraient de halage par kilomètre :

13

Conduite, ... 0ᶠ,135

Combustible pour une force moyenne de 32 chevaux, soit 100 kilog. par heure, ou 6 kil.,66 par kilom., estimés, . . . 0ᶠ,335

Entretien du matériel à raison de 9600 f. par an, comme pour l'article précédent; soit par kilom. pour un parcours quotidien de 150 kilomètres, ci 0ᶠ,175

Prix de traction par kilom. de parcours, pour les convois de 15 kilom. de vitesse, 0ᶠ,645

Les convois à la vitesse de 30 kilomètres coûteraient de halage par kilomètre :

Conduite, ... 0ᶠ,09

Combustible pour une force moyenne de 32 chevaux, soit 100 kilog. par heure ou 3 kil.,33 par kilom., estimés, . . . 0ᶠ,17

Entretien du matériel à raison de 9600 f. par an, comme pour les articles précédents; soit pour un parcours quotidien de 225 kilom., ci 0ᶠ,115

Prix de traction par kilom. de parcours, pour les convois de 30 kilom. de vitesse, 0ᶠ,141

Les convois à la vitesse de 60 kilomètres coûteraient de halage par kilomètre :

Conduite, ... 0ᶠ,06

Combustible pour une force moyenne

A reporter. . . 0ᶠ,06

Report. . .   0f,06

de 20 chevaux, soit 60 kilog. par heure,
ou un kilogramme par kilom., estimés à.   0f,05

Entretien du matériel à raison de 6 000 f.
par an, pour une force moyenne de vingt
chevaux, soit pour un parcours quotidien
de 330 kilomètres,.. . . . .   0f,05

Prix de traction par kilomètre de parcours, pour les convois de 60 kilomètres
de vitesse, ...   0f,16

Enfin, les convois à la vitesse de 100 kilomètres
coûteraient de halage par kilomètre :

Conduite, ...   0f,04

Combustible pour une force de 20 chevaux, 60 kilog. par heure, ou 0 kilog., 60
par kilom., estimés, ...   0f,03

Entretien du matériel à raison de 6 000 f.
par an, comme pour le précédent article ;
soit pour un parcours quotidien d'environ
500 kilomètres, ...   0f,03

Prix de traction par kilom. de parcours,
pour les convois de 100 kilom. de vitesse,   0f,10

En résumé, les frais de traction correspondant aux
vitesses de 7,5 — 15 — 30 — 60, et 100 kilomètres
à l'heure seraient 1f,13 — 0f,655 — 0f,375 — 0f,16
et 0f,10 par kilomètre, pour des poids de 150, de 100,
de 50, de 5 et de 2 tonnes, non compris le locomoteur.

Ces chiffres ne suivent pas, il est vrai, la loi de

proportionnalité, suivant la vitesse et le poids remorqué ; mais la différence disparaîtrait dans la masse des frais, si, comme on a démontré qu'il était rationnel de le faire, les frais communs à toutes les vitesses étaient répartis suivant cette loi. Le second, le quatrième et le cinquième terme sont d'ailleurs conformes à la loi.

Nous n'avons pas tenu compte séparément des frais d'exploitation sur les pentes. Cette question sera traitée à part, lorsqu'il s'agira d'établir une comparaison entre les frais de construction et ceux d'exploitation, pour en déduire le meilleur système au point de vue de l'économie.

§ V. — *Frais d'établissement et de renouvellement du matériel de traction.*

L'établissement du matériel de traction entre aujourd'hui pour un chiffre assez important dans la construction des chemins de fer : c'est une dépense d'environ 15 000 fr. par kilomètre. Les locomotives établies comme nous l'avons indiqué, ne coûteraient pas plus de 40 000 fr. chacune, pour les trois grands modèles devant produire un maximum de force de 100 chevaux, et 25 000 f., pour les deux petits modèles dont le maximum de force à atteindre serait fixé à 40 chevaux.

Le chemin étant parcouru deux fois par jour, dans chaque sens, par chacune des locomotives, et les parcours quotidiens étant, ainsi qu'il est indiqué dans le précédent paragraphe, de 100, de 150, de 225, de 330 et de 500 kilomètres pour les vitesses de 7,5 — 15 — 30 — 60 et 100 kilomètres à l'heure, il en résulte qu'il faudrait une locomotive

du 1ᵉʳ modèle par kilom.   25,0 de parcours.
une du 2ᵉ modèle   id.   37,5   id.
une du 3ᵉ modèle   id.   56,25   id.
une du 4ᵉ modèle   id.   82,50   id.
une du 5ᵉ modèle   id.   125,0   id.

Cette disposition ferait ressortir ainsi la dépense par kilomètre :

1ᵉʳ modèle.   .   .   .   1 600 fr.
2ᵉ   id. 1 066
3ᵉ   id.   714
4ᵉ   id.   305
5ᵉ   id.   200
Total.   .   .   3 885

En portant cette somme à 5 000 fr., on serait certain d'avoir un nombre de machines suffisant pour tous les besoins d'un service d'une importance triple de celui qui se fera sur la plupart des chemins de fer, avec le système d'exploitation suivi actuellement.

Les causes de destruction rapide qui existent aujourd'hui dans la locomotive étant éliminées, l'on pourrait compter sur une durée de dix années pour ce matériel. Son renouvellement coûterait donc 500 f.

par an, soit 7 centimes par kilomètre parcouru. Il est bon de remarquer toutefois que ce chiffre est une moyenne qui donnerait environ 15 centimes pour le premier modèle, 10 centimes pour le second, 6 centimes pour le troisième, 3 centimes pour le quatrième et 2 centimes pour le cinquième.

Enfin, la traction sur les pentes, exigeant un plus grand développement de force, donnerait également lieu à un renouvellement plus rapide du matériel ; mais il nous semble inutile de nous jeter dans une analyse aussi détaillée de la dépense. Dans l'état actuel de la question, ce travail ne pourrait d'ailleurs donner un résultat exact.

CHAPITRE II.

Construction des nouveaux Chemins de Fer.

§ 1er. — *Des pentes et du rayon des courbes.*

Le problème de la locomotion sur les fortes pentes une fois résolu, rien ne s'opposerait plus à leur adoption dans les tracés. Il est évident qu'on ne devrait pas encore les admettre sans discernement, et qu'il y aurait à établir la balance entre l'économie résultant pour la construction de l'emploi d'une pente suivie d'une contre-pente, et entre l'excédant de dépense de force motrice résultant de la nécessité d'élever inutilement le convoi à une certaine hauteur. Toujours est-il que cette faculté laissée aux ingénieurs engendrerait des projets dans lesquels l'économie de construction et d'exploitation créerait une nouvelle ère pour les chemins de fer. L'économie dont il s'agit porterait sur les frais de conduite qui seraient augmentés en raison du ralentissement de la marche; sur la dépense de combustible qui dans la locomotive perfectionnée serait proportionnelle au travail exécuté, et sur l'entretien de la voie qui est plus considérable dans les pentes et rampes que sur les parties de niveau.

Il n'est pas douteux qu'en suivant à la lettre l'instruction qui obligerait à accepter les pentes de deux centièmes partout où le relief du terrain les présenterait, on ne pût tracer dans tous les départements de la France, même les plus accidentés, des chemins n'exigeant à peu près d'autres terrassements que ceux nécessaires à la construction des fossés et rigoles d'écoulement des eaux.

On éviterait également la plus grande partie des souterrains et viaducs, en tolérant un maximum de quatre centièmes d'inclinaison aux plans inclinés qui serviraient à racheter les grandes différences de niveau.

Deux grandes causes d'économie résulteraient évidemment fort souvent de cette tolérance : réduction dans la longueur du chemin qui pourrait relier entre eux, par la ligne la plus courte, les divers points indiqués ; suppression des travaux d'art, les plus coûteux et les plus difficiles dans la construction des railways.

Néanmoins, toute facilité ne sera pas encore donnée aux constructeurs de chemins de fer, tant que le rayon des courbes de 500 mètres sera un minimum dont on n'approchera pas sans jeter la défaveur sur un tracé. A cet égard, le mode d'exploitation que nous proposons faciliterait singulièrement la réduction du rayon des courbes, puisque les convois longs et pesants ne seraient traînés qu'avec une petite vitesse, dans laquelle l'action oblique de la chaîne de traction et l'action divergente de la force centrifuge fatigueraient moins les rails.

On pourrait donc ainsi, même sans faire usage d'un des moyens inventés depuis dix ans, pour contre-balancer l'effet de la force centrifuge, réduire le rayon des courbes à la moitié de ce qu'ils sont aujourd'hui. Il est bien entendu qu'un rayon de 500 mètres sera toujours préférable à un rayon de 250 mètres ; mais quand les inconvénients de ce dernier rayon se réduiront à une augmentation des frais d'entretien, il sera toujours facile de reconnaître si l'on doit l'adopter pour éviter des travaux trop considérables. Une telle latitude serait d'un grand secours pour l'établissement d'un chemin dans une vallée. Nous connaissons tels projets de rail-way, dans lesquels, afin d'éviter des coupures de contreforts ou des détours trop brusques de rivières, on a introduit de nombreux ponts à grande ouverture, qu'il eût été facile d'éviter avec des rayons moindres et qui ne laissent pas que d'augmenter les devis de 35 à 40 000 f. par kilomètre.

Nous pensons donc qu'un des progrès les plus désirables dans l'intérêt de l'établissement des rail-ways, c'est la construction d'une locomotive suivant le programme esquissé dans le précédent paragraphe.

----

§ II. — *Réduction considérable dans les travaux de terrassement et dans les travaux d'art.*

Les dépenses capitales dans la préparation du terrain sont aujourd'hui les terrassements destinés à niveler le sol et les travaux d'art qui dispensent de faire ce nivellement.

Nous avons estimé les terrassements, dans notre première partie à 80 000 fr. par kilomètre ; ce qui suppose un mouvement de terre de 40 à 50 mètres cubes par mètre courant.

S'il ne s'agissait que de creuser les fossés et rigoles pour l'écoulement de l'eau, il suffirait bien certainement de deux mètres cubes de terrassement par mètre courant, et le prix de revient, au lieu d'être de 80 000 fr. le kilomètre, ne dépasserait pas 1 000 fr.

Nous ferons facilement une large concession sur cet article ; nous supposerons que le cube des terrassements s'élèvera à 10 mètres cubes par mètre courant, et nous établirons le prix à un franc le mètre cube, ce qui, pour ce petit mouvement de terre, est un prix aussi élevé que celui de deux francs pour un terrassement quadruple. Il en résultera une dépense par kilomètre de 10 000 fr. au lieu de 80 000 fr.

Mais une conséquence de l'économie des terrassements, c'est aussi l'économie d'acquisition des terrains. Si avec le système actuel chaque kilomètre de rail-way exige deux hectares et demi de terrain que nous avons estimés 50 000 fr. à cause des indemnités à payer pour démolitions d'habitation aux abords des villes, démolitions motivées par l'inflexibilité des tracés, le nouveau système n'exigerait pas plus de la moitié de cette superficie, et encore cette moitié ne coûterait certainement pas plus du quart de la dépense que ce chapitre occasionne aujourd'hui, soit 12 500 fr. au lieu de 50 000 fr.

Enfin, les ouvrages d'art, ponts, viaducs, passages souterrains, formant un chapitre important de dépenses, ne sauraient, il est vrai, être réduits dans la même proportion, à cause des passages de chemins qui seraient toujours les mêmes. Cependant ce chapitre n'entraînerait pas dans une dépense de plus de 30 000 fr. par kilomètre au lieu de 70 000 fr.

On remarquera d'ailleurs qu'en supprimant les travaux d'art les plus difficiles, on supprime en même temps les chances d'accroissement de dépenses provenant des accidents et avaries, et de la connaissance imparfaite que l'on a fort souvent du terrain sur lequel doivent être établis les travaux.

§ III. — *Réduction dans le prix de la voie en fer et dans les autres chapitres de dépense.*

Il n'y a pas jusqu'à l'établissement de la voie en fer sur lequel on pourrait réaliser quelques économies fondées sur ce que les rails, devant porter des masses animées d'une moindre quantité de mouvement, devraient être plus légers, et avec eux les coussinets et leurs accessoires.

Si les rails avec tous les frais de redressement et de transport sur les lieux coûtent quarante francs le quintal, soit cinquante-deux francs le mètre courant de chemin en y comprenant les voies accessoires, on voit qu'une réduction d'un tiers sur le poids de ces rails donnerait une économie de 17 fr. par mètre courant, ou 17 000 fr. par kilomètre. Une réduction de 3 000 fr. sur les coussinets et autres accessoires porterait l'économie totale à 20 000 fr.

Cet article porté à 100 000 fr. par kilomètre dans la première partie pourrait donc être réduit à 80 000 fr., en y comprenant le ballast.

Les bâtiments de l'administration et les stations resteraient les mêmes.

Les ateliers pour la réparation du matériel pourraient être réduits de moitié, puisque les dépenses de réparation seraient diminuées dans une proportion bien plus grande.

Nous avons vu que les locomotives coûteraient le tiers de ce qu'elles valent aujourd'hui.

On peut admettre que les diligences et wagons occasionneront la même dépense.

Les intérêts de fonds sont proportionnels au montant total de la dépense ; il en est de même des dépenses diverses. Ce chapitre devra donc être réduit de moitié, s'il résulte une économie de moitié sur le chiffre total des frais d'établissement.

Enfin, les frais d'administration et d'étude, de surveillance et conduite des travaux sont également moins élevés avec une dépense moindre ; ils sont à peu près proportionnels à cette dépense.

§ IV. — *Dépense probable par kilomètre.*

On peut donc établir à peu près ainsi le compte des frais de construction d'un kilomètre de chemin de fer pour les lignes de premier ordre, d'après les modifications que la locomotive perfectionnée permettrait d'apporter au tracé.

1° Terrains et indemnités,........	12 500 fr.	
2° Terrassements,...............	10 000	
3° Ouvrages d'art, ponts, viaducs, passages souterrains,..........	30 000	
4° Etablissement de la voie,.......	80 000	
5° Bâtiments de l'administration, bureaux et stations,...........	20 000	
6° Ateliers et bâtiments pour la réparation du matériel,..........	5 000	
7° Locomotives,...............	5 000	
8° Diligences, wagons et plates-formes	20 000	
9° Intérêts des fonds pendant la construction et dépenses diverses, .	10 000	
10° Administration et frais d'étude, ..	7 500	
Total......	200 000 fr.	

L'économie serait donc de moitié, comparée à la dépense dans laquelle entraîne le système actuel.

Les devis des grandes lignes restant à exécuter n'atteignent pas, il est vrai, le chiffre de 400 000 f. par kilomètre ; ils restent généralement dans la limite de 350 à 360 mille francs. Mais les devis des chemins exécutés n'étaient guère non plus que de 300 mille francs, et cependant toutes les prévisions ont été dépassées.

Nous n'avons eu en vue jusqu'à présent que les lignes de premier ordre, parce qu'il semblait naturel de commencer par construire celles-ci, avant même de songer à projeter celles de deuxième et de troisième ordre, et que d'ailleurs la presque totalité du réseau français doit se composer de grandes lignes.

Cependant on a bientôt reconnu que les lignes secondaires étaient nécessaires à la prospérité des premières lignes, qu'elles étaient en quelque sorte les routes départementales et vicinales de ces nouvelles routes royales, et plusieurs demandes de concession ont été présentées aux Chambres.

Mais si les lignes de deuxième et de troisième ordre peuvent se classer facilement, eu égard aux localités qu'elles sont destinées à desservir et à l'activité de la circulation qui doit les alimenter, il n'en est pas de même au point de vue de la dépense.

Une ligne premier ordre peut supporter une dépense de construction de 400 000 fr. par kilomètre, ainsi que le prouve la prospérité des chemins établis avec cette onéreuse condition ; mais si une ligne de deuxième ordre dépassait le chiffre de 300 mille francs et une ligne de troisième ordre celui de 200 mille francs, la dépense serait hors de proportion avec les produits.

Cependant les dimensions de toute nature, et les

conditions de pente et de rayon des courbes restant les mêmes pour les lignes de tout ordre, le terrain seul, et **non** les besoins de la circulation, peut autoriser la construction des lignes secondaires.

Il faut en effet, non-seulement un terrain des plus faciles, mais encore n'établir qu'une seule voie sur la plus grande partie du parcours d'un chemin pour ne pas dépasser le chiffre de 200 mille francs par kilomètre; ce qui revient à interdire l'établissement des chemins de fer dans les localités dont la circulation ne comporte qu'un tracé de troisième ordre, et à restreindre le nombre des villes qui pourraient obtenir une ligne de deuxième ordre.

Les modifications que nous proposons ne réduiraient pas, pour toutes les lignes, les frais d'établissement dans la proportion déjà trouvée pour les lignes de premier ordre, mais elles en faciliteraient l'exécution au point de faire disparaître les impossibilités résultant de la configuration du sol. Il serait donc possible qu'en moyenne les lignes de deuxième ordre, au lieu de coûter 300 000 fr., ne coûtassent que 170 mille, et les lignes de troisième ordre 140 mille au lieu de 200 mille.

En ajoutant à ces avantages ceux résultant d'une grande économie dans les frais d'exploitation, on verrait s'étendre le cercle des villes capables d'entretenir un chemin de fer.

On comprend très-bien toute l'importance pour les grandes lignes, de ces lignes secondaires d'embranchement qui viendraient y jeter leurs voyageurs, et qui dans un siècle peut-être seraient aussi multipliées que nos voies de grande communication (1).

Aussi ne serait-ce pas trop du concours de l'Etat, des départements et même des communes, pour coopérer avec l'industrie privée à l'exécution de ces lignes secondaires qui, surtout au début, ne trouveraient peut-être pas facilement des compagnies disposées à les entreprendre à leurs risques et périls.

(1) On reconnaîtra sans doute avant peu que si les lignes principales, quelle que soit leur importance, doivent avoir une même largeur de voie et être toutes en communication par des chemins sur lesquels leurs locomotives et leurs wagons puissent rouler, il n'y aura pas d'inconvénient à admettre une largeur différente pour des lignes de seconde classe.

Cette largeur serait de 1 mètre par exemple. Ces chemins destinés à relier les différentes villes des départements avec les artères principales du réseau de rail-way, porteraient des voitures beaucoup plus légères, ce qui permettrait une réduction du poids des rails qui dans ces chemins formeraient la dépense principale. On pourrait espérer d'établir ainsi des rail-ways qui, aboutissant aux gares des lignes principales, ne coûteraient pas plus de 50 000 à 60 000 fr. par kilomètre, si l'on tolérait les passages de niveau sans barrière, ce qui serait sans inconvénient, attendu que la vitesse pourrait être limitée à 25 kilomètres par heure. Le chemin de Gand à Anvers, de dix lieues de longueur, est ainsi établi avec 1 mètre 10 de largeur de voie. Le poids des locomotives avec leur tender n'est que de cinq tonnes.

De tels chemins construits au milieu de vallées industrieuses, dont les usines auraient leur dépôt dans des villes traversées par une artère du réseau des grandes lignes, ne laisseraient pas que d'être très-productifs pour les concessionnaires et très-utiles pour les pays traversés.

§ V. — *Dépense de construction du réseau français.*

Lorsque nous écrivions, dans notre première partie, que la France ne pouvait engager plus de 60 millions par an dans les chemins de fer, la session de 1845 n'était pas encore ouverte, et l'on n'avait pas voté, en une seule année, pour 768 millions de chemins de fer, complétant ainsi près d'un milliard depuis 1842.

Malgré le secours des capitaux anglais et le montant des versements opérés en 1845, les capitaux français restent encore, à partir de ce jour, engagés pour 374 millions.

L'année 1846 est engagée pour 105 millions, 1847 pour 93 millions, 1848 pour 77 millions et demi, 1849 pour 47 millions, 1850 pour 40 millions, et 1851 pour 11 millions et demi. N'y a-t-il pas de quoi s'inquiéter de l'avenir? est-il bien certain encore qu'à l'échéance tous les engagements se trouveront remplis, et qu'enfin le crédit public n'aura pas à souffrir des sacrifices qu'exigent ces colossales entreprises?

Nous désirons très-fort que le démenti donné à nos prévisions soit sincère et que la France puisse réellement consacrer annuellement plus de cent millions à la construction de ses rail-ways; mais nous ne verrions pas là un motif de persister dans la voie ruineuse dans laquelle on est entré.

Si, au lieu de jeter les millions dans des entreprises qui, pour la plupart, donneront de cruels mécomptes aux détenteurs d'actions, on avait cherché les moyens d'applanir les difficultés et d'économiser à la fois et le temps et l'argent, en entrant dans la voie que nous indiquons, il en serait résulté, soit une économie de plus d'un milliard sur les chemins reconnus aujourd'hui nécessaires, soit la construction de 7 000 kilomètres d'embranchements qui auraient doublé à la fois le développement et la valeur du réseau français.

Combien de vallées secondaires, séparées des vallées principales sillonnées de rail-ways par une distance minime sur la carte, en sont en réalité à des distances très-grandes, si l'on a égard aux difficultés de parcours à travers des montagnes et des marais; pays qui souvent même sont dépourvus de voies de communication praticables pour des voitures! Pensera-t-on avoir tout fait quand on aura ainsi laissé dans l'isolement des populations qui resteront d'autant plus en arrière qu'on aura plus fait pour d'autres populations voisines? Croit-on que la puissance attractive des chemins de fer soit indéfinie et qu'elle puisse se faire sentir seulement à dix lieues de distance, lorsqu'il s'agit du trafic de ville à ville, bien plus important dans son ensemble que celui qui a lieu entre deux métropoles du monde industriel?

Nous sommes convaincu qu'il n'en est pas ainsi, et que le système des grandes lignes ne fera qu'étendre davantage sur le pays la perturbation qu'elles ont déjà portée dans les contrées qu'elles ne font que traverser. Tout le monde sait aujourd'hui que les petites villes situées sur le passage des rail-ways de Rouen et d'Orléans, ont vu avancer leur ruine par l'instrument qui devait accroître leur prospérité.

Des lignes transversales, des chemins économiques à petite voie en auraient fait autant de centre d'attraction et les auraient maintenues dans leur situation, si même elles n'avaient accru leur industrie et leurs débouchés.

La perfection prématurée donnée à grand prix aux voies de communication de quelques villes, semble donc, quant à présent, devoir donner des résultats funestes pour celles qui en sont privées, en ce qu'elle leur enlève la vie extérieure, sans laquelle il n'est pas de vie intérieure bien active pour les populations agglomérées.

Souvent on voit deux vallées parallèles également pourvues de bonnes routes royales, également animées d'un mouvement propre, attirer à elles la circulation extérieure et se la partager.

Vient la nécessité d'établir un rail-way pour cette cirulation extérieure, et attendu qu'avec le système actuel ce n'est pas trop de quelques centaines de mille de voyageurs et du plus grand tonnage de marchandises pour couvrir les frais d'exploitation et le paiement des intérêts, il faut ôter à l'une des vallées, pour le donner à l'autre, le mouvement extérieur qu'elle a possédé pendant des siècles. Mais en agissant ainsi, on ne détourne pas seulement un affluent de circulation, on tarit encore dans sa source le mouvement interne d'une vallée, mouvement qui s'est développé par l'attraction d'un mouvement extérieur. Et au profit de qui tarit-on ce mouvement ? au profit de personne, mais au détriment de la communauté.

L'exemple le plus saisissant que nous puissions citer d'une lutte de cette nature, c'est le débat qui est resté ouvert pendant trois ans dans les Chambres, entre la vallée de l'Yonne et celle de la Seine, et qui s'est clos par le triomphe de la première, en laissant à la seconde la ruine en perspective.

Tous les plaidoyers qui ont été prononcés en faveur de l'une et de l'autre vallée ne prouvent qu'une chose, c'est que toutes les deux avaient des droits acquis, c'est qu'il fallait les doter chacune d'un chemin.

Dans le système actuel, la chose était impossible, puisque la circulation ne peut alimenter qu'un seul chemin du prix de 400 000 fr. le kilomètre. Mais elle aurait suffi pour entretenir deux chemins de 200 000 f. dont les frais d'exploitation et d'entretien ne se fussent également élevés qu'à la moitié des frais du premier.

Chaque vallée eût ainsi conservé sa clientèle, ses habitudes et ses débouchés ; l'influence de la locomotion à grande vitesse se serait fait sentir sur une zone du territoire deux fois plus étendue ; une concurrence heureuse pour le pays l'aurait affranchi d'un monopole impossible à régler, et l'on n'aurait pas eu le scandale d'une partie de la population légalement dépouillée en faveur d'une autre partie.

§ VI. — *Frais d'entretien.*

Nous avons estimé, dans la première partie, les frais d'entretien de la voie à $0^f,40$ par kilomètre de parcours sur niveau, pour une vitesse moyenne de 30 kilomètres et pour une composition de convois donnant un poids brut moyen d'environ 50 tonnes. On peut considérer ces frais d'entretien comme proportionnels au tonnage du chemin. Il n'est pas douteux que si pour diminuer ces frais on augmentait le tonnage des convois, on arriverait toujours au même résultat : le chiffre $0^f,40$ augmenterait proportionnellement.

Cela posé, nous pouvons établir une comparaison entre les frais d'entretien du système actuel et ceux qu'occasionnerait le nouveau système d'exploitation, en nous reportant aux tableaux précédents, pages 78 et 79.

On admettra, par hypothèse, qu'il y aura le même nombre de convois pour chaque vitesse différente de transport avec le nouveau système.

Mais il est une observation préalable à faire pour apprécier l'effet des variations des poids portés par les roues. On a vu, page 77, que l'action destructive due au poids porté par les deux roues motrices est de 20 unités, quand celle de toutes les autres roues réunies n'est que de 17, 5.

Si le convoi est composé de 10 voitures, locomotive

comprise, 40 roues se partagent un poids de 44 tonnes, ce qui fait 1 100 kilogrammes par roue; et l'action destructive de chaque roue est de 0,44.

Chaque roue motrice, chargée de 3 000 kilog. au moins, ou d'un poids 2, 8 fois plus fort que les roues libres, a une puissance destructive représentée par 10 unités, ou 22 fois 7/10 plus forts que celle de ces dernières. Or, le cube de 2, 8 est de 21, 95.

Le rapprochement de ces chiffres nous autorise à croire que l'action destructive du poids des roues est proportionnelle au cube de ces poids, et qu'il y a tout avantage à les réduire, surtout dans les grandes vitesses.

Mais, dira-t-on, que la charge soit portée par une roue, ou divisée sur deux roues, les causes de destruction seront toujours les mêmes; puisque, pour des vitesses égales, les quantités de mouvement seront les mêmes dans les deux cas. Nous demanderons alors si deux coups d'un marteau pesant un kilog. équivalent, pour l'effet produit, à un coup d'un marteau pesant deux kilogrammes; si, dans le battage des pilotis, un mouton de 100 kilogrammes produit le même résultat qu'un mouton de 200 kilog. donnant moitié moins de coups et tombant de même hauteur? Évidemment non. Une percussion assez faible pour ne pas entamer le corps qui y est soumis sera sans effet, tandis que la même dépense de force, produisant une percussion plus forte, finira par le détruire.

Maintenant, si l'on se rappelle que l'action destructive des roues est, à égalité de poids porté par chacune d'elles, proportionnelle à la vitesse, et que l'action destructive du pouvoir moteur proportionnée à son énergie, (égale aujourd'hui sur niveau à celle de toutes les roues du convoi) réunie à l'action du temps, est doublée sur les pentes de 5 millièmes et augmentée dans la même proportion sur les pentes plus fortes, on pourra analyser les frais d'entretien de la voie pour différentes vitesses de mouvement (1).

On a vu dans le premier chapitre que la composition des convois varierait avec la vitesse. Eu égard à cette vitesse, elle aurait lieu ainsi :

VITESSE DES CONVOIS à l'heure.	POIDS EN TONNES		
	DES CONVOIS.	DES MACHINES.	TOTAL.
7 kilom. 5	150 t.	30 t.	180 t.
15 »	100	20	120
30 »	50	10	60
60 »	5	6	11
100 »	2	4	6
Totaux...	307	70	377

(1) La destruction des rails par les roues devrait se faire suivant le principe des forces vives, c'est-à-dire proportionnellement au carré de la vitesse. Mais soit que cette cause de destruction n'agissant pas seule, la loi qu'elle suit se trouve infirmée par des causes étrangères, soit qu'en effet l'action de la vitesse ne soit pas aussi énergique, le résultat ne paraît pas conforme à ce principe.

Le poids des machines entre pour 0,18 dans le poids total.

Avec la composition actuelle des convois sur la plupart des chemins, un poids en wagons de 307 tonnes suppose environ 9 convois remorqués par neuf locomotives pesant avec leurs tenders 140 à 160 tonnes, représentant 0,36 du poids total.

L'on voit déjà que le poids inutilement déplacé serait réduit de moitié par le nouveau système.

Les frais d'entretien occasionnés par ces neuf convois seront, par kilomètre, à raison de $0^f,40$ par convoi, de $3^f,60$ qui se décomposeront ainsi, le chemin étant supposé de niveau :

Action du temps....................	$0^f,45$
— des roues libres du convoi....	$0^f,63$
— des roues motrices..........	$0^f,72$
— du pouvoir moteur..........	$1^f,80$
Total......	$3^f,60$

Les mêmes frais, pour des pentes de 5 — 10 — 15 et 20 millièmes, sont consignés dans les tableaux suivants, d'après les éléments déjà calculés, pages 78 et 79, et en tenant compte de la différence des poids remorqueurs et remorqués.

VITESSE des convois.	POIDS total des convois.	POIDS des locomoteurs.	NOMBRE de roues motrices.	POIDS sur chaque roue.	FRAIS D'ENTRETIEN DE LA VOIE DE NIVEAU, par kilomètre de parcours, par suite de la détérioration causée par				TOTAL.
					le temps (1).	les roues libres du convoi.	les roues motrices (2).	le pouvoir moteur.	
kilom. 7,50	180^t	30^t	12	2^t,5	0^f,11	0^f,059	0^f,06	0^f,18	0^f,409
15	120^t	20^t	8	2^t,5	0^f,13	0^f,08	0^f,08	0^f,24	0^f,53
30	60^t	10^t	8	1^t,25	0^f,13	0^f,08	0^f,01	0^f,24	0^f,46
60	11^t	6^t	8	0^t,75	0^f,04	0^f,016	0^f,003	0^f,088	0^f,147
100	6^t	4^t	8	0^t,50	0^f,04	0^f,01	0^f,001	0^f,08	0^f,131
Totaux.....					0^f,45	0^f,245	0^f,154	0^f,828	1^f,677

(1) Proportionnel au poids brut et à la vitesse.

(2) Les deux roues motrices actuelles portent six tonnes au moins.

Les frais d'entretien de la voie de niveau étant connus, on en déduit les frais des voies en pente, en ayant égard à la loi d'augmentation indiquée page 77.

VITESSE des convois à l'heure.	CHEMINS AYANT UNE PENTE DE				
	0,000	0,005	0,01	0,015	0,02
7ᵏ,5	0ᶠ,409	0ᶠ,589	0ᶠ,769	0ᶠ,949	1ᶠ,129
15	0ᶠ,53	0ᶠ,77	1ᶠ,01	1ᶠ,25	1ᶠ,49
30	0ᶠ,46	0ᶠ,70	0ᶠ,94	1ᶠ,18	1ᶠ,42
60	0ᶠ,147	0ᶠ,235	0ᶠ,323	0ᶠ,411	0ᶠ.499
100	0ᶠ,131	0ᶠ,211	0ᶠ,291	0ᶠ,371	0ᶠ,451
Totaux...	1ᶠ,677	2ᶠ,505	3ᶠ,333	4ᶠ,161	4ᶠ,989

Ainsi, en supposant un chemin dans les conditions les plus difficiles, composé par parties égales de lignes de niveau et de pentes de 5, de 10, de 15 et de 20 millièmes, les dépenses d'entretien ne seraient en moyenne que de 3ᶠ,333, c'est-à-dire inférieures de 7 1/2 pour cent aux frais actuels sur niveau.

Et pourtant, on n'a pas amoindri les causes de destruction dans le nouveau système, car celle due à l'action du pouvoir moteur, par exemple, qui a été maintenue proportionnelle à l'énergie de ce pouvoir, aurait dû subir une réduction en raison de sa répartition sur un plus grand nombre de roues ou de points d'appui, au moins dans les parties du chemin où le travail de l'adhérence n'aurait pas toute son énergie. Le travail de l'adhérence est destructif des deux corps qui agissent, comme l'est celui de la percussion. Au-dessous d'un certain degré d'intensité, il peut être presque inoffensif, et ne pas compromettre la durée des agents mécaniques.

Les frais d'entretien suivant les pentes étant connus, il serait facile de décider s'il convient ou non, dans un cas donné, d'admettre les pentes naturelles du terrain.

CHAPITRE III.

Nouveau système d'exploitation des Chemins de Fer.

§ 1er. — *Liberté de parcours.*

N'est-il pas probable que si les gouvernements avaient accordé le monopole du parcours sur les routes ordinaires à des compagnies particulières, chargées de les entretenir, de régler le mode d'exploitation et de transport, les heures de départ, etc., la marche de la civilisation en eût été singulièrement ralentie ?

Que l'Etat, chargé de créer et d'entretenir ce qui est utile à tous, substitue en son lieu et place un particulier faisant ce qu'il ferait lui-même, cela se conçoit et se pratique fréquemment en Angleterre, lorsqu'il s'agit de créer des valeurs immobilières, qui par nature ne peuvent changer de destination. Ce serait folie de mettre côte à côte deux routes ou deux ponts, la concurrence ne saurait prétendre à être utile en agissant ainsi. Mieux vaut alors régler le monopole et opérer par série, comme le propose M. Ed. Teisserenc, pour l'exploitation des chemins de fer.

Mais lorsqu'il s'agit d'une exploitation fondée sur la création d'une valeur mobilière, susceptible d'amélioration, de transformation, et même de changement de destination, il faut un motif impérieux pour aliéner le droit qu'a le public d'élever des concurrences partout où le progrès peut amener des résultats avantageux.

Ces motifs impérieux existent aujourd'hui dans l'exploitation des chemins de fer.

Les convois doivent se succéder à intervalles égaux, car ils répondent à un seul besoin de la locomotion, celui d'une vitesse de 30 à 35 kilomètres pour les voyageurs, et de 20 kilomètres pour les marchandises. Avec des tarifs peu variés et une vitesse la même pour tous, il fallait bien solliciter le déplacement, en offrant à toute heure une locomotion régulière. Aussi, la multiplicité des départs est-elle, avec raison, considérée comme une des causes de l'accroissement de la circulation.

Cette multiplicité des départs exige évidemment que tous les fils d'une administration de chemin de fer soient tenus par une même main. Autrement, combien d'accidents résulteraient de la divergence des ordres donnés par plusieurs exploitants! Il n'y aurait eu qu'un seul moyen d'appeler la concurrence dans l'exploitation des chemins de fer, moyen inique et qui aurait arrêté l'élan des spéculateurs, si l'on en avait fait usage, c'eût été de réduire le nombre des départs de la première société exploitante, au fur et à mesure que de nouvelles sociétés auraient demandé des licences d'exploitation. Mais qu'aurait fait de son matériel la société dépossédée d'une partie de ses départs? Comment les nouvelles sociétés exploitantes auraient-elles partagé avec les anciennes les gares, magasins et engins dont ces dernières sont propriétaires? Comment auraient-elles trouvé égalité de protection dans des règlements faits par les anciennes sociétés et appliqués par des agents à leur solde? Il y aurait eu dans tous ces détails des difficultés sans nombre qu'il ne fallait même pas songer à aborder.

Toutefois, l'on ne fera pas toujours des lignes sur lesquelles vingt trains viendront chaque jour occuper la voie, et lorsqu'il devra y avoir trois heures d'intervalle entre chaque départ, il est possible que les compagnies elles-mêmes aient avantage à diviser l'exploitation en deux, trois ou quatre fermages, selon son importance, de manière à intéresser un plus grand nombre de personnes au perfectionnement de la locomotion. Les baux renouvelés à courte période préviendraient toute coalition de la part des fermiers. Les adjudications se feraient moyennant un rabais sur les tarifs accordés par la loi, et les compagnies propriétaires des chemins seraient intéressées à faire remplir leurs engagements par les soumissionnaires, attendu que le tarif le plus bas, attirant le plus grand nombre de voyageurs, serait toujours le plus productif pour elles.

Ce que des compagnies pourraient faire, le gouvernement, à plus forte raison, le pourrait-il, en exécutant lui-même les chemins. Dans ce cas, le droit de péage étant uniforme pour tous les chemins et réduit à la somme nécessaire pour couvrir le trésor des dépenses d'entretien et solder l'intérêt du capital, on pourrait espérer obtenir la locomotion au meilleur marché possible.

Ce qui serait réalisable aujourd'hui sur les chemins peu fréquentés, serait exécutable sur tous les rail-ways, par le nouveau système d'exploitation.

Une série de cinq trains, composés comme il a été dit précédemment, équivaudrait à neuf convois; mais comme, par des motifs qui vont être développés, la composition par série aurait pour résultat de tripler le mouvement du transport, il faut admettre que trois séries de cinq trains chacune remplaceraient sur la voie les neuf convois actuels. Si ces neuf convois se succèdent de deux heures en deux heures, les trois séries se succèderaient à six heures d'intervalle. Les cinq trains partant à la file se sépareraient immédiatement, à cause de la différence des vitesses qui seraient pour le premier de 100 kilom., pour le second de 60, pour le troisième de 30, pour le quatrième de 15, et pour le cinquième de 7 kilom., 50 à l'heure. Que l'adjudication du service se fasse par train ou par série, toutes les chances d'accidents seront donc écartées; car si le service de poste court sur celui des grosses marchandises de la série précédente, il ne pourra du moins l'atteindre que lorsque ce dernier aura parcouru 45 à 50 kilomètres; il suffirait donc de garer à des distances de 40 à 45 kilom. les convois les plus lents, pour que la voie reste libre; c'est déjà ce que l'on est obligé de faire aujourd'hui avec des

vitesses de transport qui atteignent pour les marchan-
chandises 20 kilomètres à l'heure.

L'on n'aura pas ainsi, il est vrai, cette multiplicité
des transports que l'on considère comme une cause
d'augmentation de la circulation. Les cinq trains d'une
série, partant, par exemple, à deux ou trois minutes
d'intervalle, seront considérés comme un départ, et
trois séries, remplaçant neuf convois, ne donneront
que trois départs au lieu de neuf.

Il ne faut pas cependant attacher à la succession régulière des départs plus d'importance qu'elle n'en a.

Si nous prenons pour exemple le service d'été du
chemin d'Orléans, nous trouvons que les départs de
Paris pour Orléans ont lieu à 7^h — 8^h 30' — 10^h du
matin, — midi, — 12^h 30', — 5^h 15', — 6^h 55', —
7^h 30' — 10^h 30'. Ces neuf départs correspondent à
des durées du trajet, de 4^h, — 3^h, — 4^h 45', — 4^h,
— 5^h 45', — 4^h, — 3^h, — 3^h, — 7^h. L'on voit qu'il
y a donc non-seulement irrégularité dans la succession
des départs, mais encore dans la durée du trajet, ce
qui laisse les voyageurs dans l'incertitude sur l'heure
du départ et exige de leur part un choix entre tous les
convois. Quoi qu'il en soit, à ce point de vue, l'avantage
reste au système actuel, à chaque extrémité des lignes.
Mais dans les stations intermédiaires, les passages auraient lieu, avec le nouveau système, à des intervalles
plus ou moins rapprochés. Nous croyons que cette multiplicité de départs serait plus que compensée par l'a-
vantage pour chacun d'avoir le choix entre des vitesses
variées, qui mettraient par leur prix la locomotion en
rapport avec les besoins et les ressources de chacun.

Les départs des dix trains se succédassent-ils à des intervalles égaux, il n'est pas douteux que les voyageurs des malles-postes préféreraient attendre chez eux l'heure de départ de leur voiture, plutôt que de prendre le convoi de 30 kilomètres de vitesse. Il en serait de même des voyageurs formant la clientèle des convois de 15 kilomètres, qui le plus souvent ne voyageront pas, si cette vitesse économique ne leur est pas donnée.

La combinaison des départs, par série de cinq trains de vitesses graduées, paraît donc satisfaire l'impatience des voyageurs, en même temps qu'elle résoud deux grands problèmes : l'économie en argent dans les transports pour les hommes et les choses qui en ont besoin, ou l'économie de temps pour ceux qui en sont avares ; et l'admission de la concurrence dans l'exploitation des rail-ways.

§ II. — *Des diverses classes de voyageurs et de marchandises. — Vitesse des transports.*

On compte aujourd'hui quatre espèces de places sur les chemins de fer, en y comprenant les coupés.

Le classement des marchandises n'est pas aussi bien dessiné, et l'on s'écarte beaucoup à cet égard des tarifs annexés aux cahiers des charges. Le chemin de Rouen a réduit les catégories, et transporte presque toutes les marchandises au prix de 9 centimes par tonne. Le chemin d'Orléans, n'ayant à lutter contre aucune voie navigable, établit quatre catégories :

Les marchandises hors classe paient, par kilomètre et par tonne, ... 0^f,34

Celles de 1re classe, ... 0^f,17

— de 2e classe, ... 0^f,14

— de 3e classe, ... 0^f,10

Il paraît donc que voyageurs et marchandises peuvent se diviser en quatre catégories ; mais contrairement à ce qui se passe aujourd'hui, nous pensons qu'il faut autre chose qu'un peu plus ou un peu moins de confortable, pour les voyageurs ; un peu plus ou un peu moins de valeur intrinsèque dans la marchandise, pour justifier le classement en catégories.

Les chemins de fer, pas plus qu'aucun autre instrument de civilisation, n'effaceront les différences qui résultent, dans la société, de l'aptitude variée des esprits et de la possession de fortunes acquises par droit de succession ou par le travail. C'est assez dire que toujours il y aura des gens plus affairés les uns que les autres, des gens plus disposés que d'autres à sacrifier au plaisir, des gens enfin donnant à leur temps des valeurs diverses, lesquelles comporteront autant de tarifs différents pour les places.

Les voyageurs se classeront d'autant mieux qu'il y aura plus d'avantages spéciaux attachés à chaque espèce de place. Aux uns l'économie, avec un peu plus de fatigue ; aux autres l'agrément, la commodité et le confortable au prix d'une dépense plus grande. Aux premiers l'inconvénient de la lenteur, aux autres les avantages de la célérité. Toutes ces différences graduées convenablement doivent porter au plus haut degré le développement de la locomotion dans un pays, et donner à un moyen de transport la clientèle la plus nombreuse à laquelle il puisse prétendre.

Les matières ne restent pas étrangères à l'influence des lois qui régissent le déplacement des hommes, les mêmes causes ou des causes analogues donneront donc lieu au plus grand déplacement des choses, en même temps qu'au plus grand déplacement des hommes.

Les quatre classes admises aujourd'hui, tant pour les voyageurs que pour les marchandises, suffiraient pour donner une entière satisfaction à tous les besoins de locomotion.

Les voyageurs de 1re classe feraient 100 kilomètres à l'heure, et correspondraient aux voyageurs actuels en poste et en malle-poste. Avec eux seraient transportées les dépêches et les marchandises hors classe, mentionnées pour mémoire.

Les voyageurs de 2e classe et les marchandises de 1re classe feraient 60 kilomètres. Ce seraient les voyageurs et les marchandises qui prennent aujourd'hui les grandes messageries.

Les voyageurs de 3e classe et les marchandises de 2e classe feraient 30 kilomètres à l'heure. Cette vitesse conviendrait particulièrement aux voyageurs des petites messageries et aux marchandises du roulage accéléré.

La 4e classe de voyageurs formée des piétons

parcourant aujourd'hui de grandes distances, et à qui le système actuel ne donnera pas une locomotion assez économique, ferait 15 kilomètres à l'heure, c'est-à-dire autant que les malles-postes de nos jours. Les marchandises du roulage ordinaire, formant la 3e classe, suivraient les mêmes trains.

Enfin, les marchandises de 4e classe, composées des matières les plus communes et telles qu'elles ne peuvent aujourd'hui suivre que la voie des canaux, pour des distances un peu importantes, feraient 7 kilom., 50 à l'heure.

Le service de nuit établi aujourd'hui par exception sur quelques chemins, serait la règle avec le nouveau mode d'exploitation. Il n'exigerait en effet un double service de surveillance que sur quelques points où le passage des trains se ferait à des intervalles égaux. Sur la plus grande partie du parcours, il y aurait des repos assez longs, puisqu'ils seraient de douze heures aux points extrêmes pour deux séries de départs quotidiens.

Ce service de nuit serait un attrait d'une puissance au moins égale à celui des départs multipliés pendant le jour. Il est impossible de prévoir à l'avance toutes les combinaisons auxquelles conduirait le trafic partiel des grandes lignes ; mais les services multiples des routes ordinaires suffisent pour en donner une idée.

§ III. — *Tarification des places en raison du travail*
exécuté pour le transport.

———

Le principe de la tarification des transports sur les routes ordinaires viendra forcément régler les tarifs des chemins de fer, le jour où l'Etat, inaccessible à des considérations mercantiles, frappera d'un même droit de péage, pour toutes les lignes, et le wagon chargé de marchandises, et l'élégant coupé qui transportera rapidemment le riche aux extrémités du royaume. Ce droit devra être proportionnel au poids et à la vitesse, afin de tenir la balance entre le salaire et le service rendu.

Les variations n'auront donc plus lieu que sur une fraction de la dépense, celle relative au service du transport proprement dit, service qui pourra être divisé et mettra, dans des mains différentes, les transports à grande, à moyenne ou à petite vitesse. Qu'en résultera-t-il? C'est que les entrepreneurs de ces différents services seront obligés de faire payer à sa valeur réelle, le travail exécuté, et que l'on aura des tarifs en rapport avec la vitesse et avec les poids en mouvement. Que si une entreprise, pour attirer à elle les marchandises et les empêcher de suivre une autre voie rivale, voulait les affranchir, non du péage, ce qui ne serait pas en son pouvoir, mais d'une partie des frais de transport pour les faire peser sur les voyageurs, une autre entreprise viendrait, qui, s'attachant seulement au transport des voyageurs, rendrait à ceux-ci les avantages qu'on leur aurait fait perdre momentanément.

Il est donc constant que, pour rester dans le vrai, il faut calculer le tarif sur le service rendu.

La fixation du tarif, pour une première nature de transport, est une chose arbitraire, bien que déduite de calculs préalables, qui se modifient forcément par la pratique. Mais un premier tarif établi donne la clef des tarifs, pour les autres natures de transport, par la formule déjà déduite, page 110,

$$p' = \frac{\sqrt{P'\,p}}{\sqrt{v}}$$

dans laquelle P' représente la valeur du temps, des personnes ou des choses que l'on veut transporter, p et v le tarif et la vitesse appliqués aux services déjà en activité, et p' le tarif à appliquer aux objets dont la valeur du temps est P'.

Au tarif p' correspond une vitesse v' déduite de la même formule, et la plus convenable dans l'intérêt de l'entreprise et des objets transportés.

Pour se rattacher à ce qui existe, on peut admettre que les voyageurs des quatre classes donneront lieu au déplacement de poids bruts de 500, de 400, de 300 et de 200 kilogrammes, les voitures ayant les deux tiers de leur charge. Bien qu'il n'y ait pas d'analogie possible, on peut admettre aussi que les marchandises déplaceront par tonne, celles hors classe, 3 000 kilogrammes (1), et les autres 2 600, 2 200, 1 800 et 1 400 kilogrammes, pour la 1re, la 2e, la 3e et la 4e classe.

En prenant pour point de départ du tarif celui appliqué actuellement à la dernière classe de voyageurs pour le conserver à ceux qui seront transportés avec la même vitesse de 30 kilomètres par heure, on arrive par la combinaison des poids et des vitesses à établir le tarif suivant :

VITESSE DES TRANSPORTS à l'heure.	TARIF	
	des voyageurs.	des marchandises, par tonne.
100 kilom.	0f,30	1f,80
60	0f,144	0f,864
30	0f,054	0f,396
15	0f,018	0f,162
7k,50	»	0f,063

Ainsi, les marchandises de la 3e et de la 4e classe seraient transportées pour le prix le plus bas auquel le roulage ordinaire et les canaux puissent les transporter aujourd'hui.

(1) Il n'en est fait mention ici que pour mémoire ; il n'y a guère que les dépêches qui puissent être transportées avec cette vitesse.

§ IV. — *De la circulation des voyageurs avec le nouveau mode d'exploitation.*

———

Il semble, au premier abord, qu'une économie de centime ou de fraction de centime sur le prix d'une place, doit avoir fort peu d'influence sur le mouvement des voyageurs. Cependant, une différence de $0^c,85$, dans le tarif des dernières places du chemin belge, a eu pour effet de faire varier sensiblement l'activité de la circulation. Il n'est pas douteux que l'élévation du tarif de $0^f,0275$ à $0^f,036$, a écarté une certaine classe de voyageurs, plus encore qu'elle ne l'a déclassée, car, au demeurant, le nombre total des voyageurs a diminué. C'est surtout sur le parcours partiel que l'abaissement du tarif exerce une influence marquée. Là, c'est moins le temps que l'on veut économiser que l'argent. La locomotion donnée pour $1^c,8$, aux abords des grandes villes, doit se créer une clientèle immense, même à la vitesse de 15 kilom.; vitesse plus que suffisante pour aller, à des distances de 20 et 30 kilomètres, passer quelques heures au milieu des champs. Cette locomotion fournirait aux populations ouvrières de la province l'avantage que le chemin de Saint-Germain a donné aux Parisiens, et qui, bien que fort coûteux pour ces derniers, n'en a pas moins créé une population voyageuse égale à la population entière de la capitale. Ce que cette population voyageuse deviendrait, si on lui appliquait les vitesses et les tarifs gradués, c'est ce qu'il est impossible de prévoir ; mais bien certainement le résultat dépasserait tous les calculs faits jusqu'à ce jour sur la puissance attractive des chemins de fer.

Nous avons trouvé par le rapprochement de quelques chiffres que, prise d'une manière générale, la circulation entre deux points donnés est, en raison du carré du quotient, de la somme des dépenses du voyage en temps et en argent, occasionnée par le système d'exploitation en usage, divisée par la même somme de dépenses occasionnée par le système d'exploitation à adopter. Dans les comparaisons que nous avons faites ailleurs, les classes de la société pour lesquelles chacun des modes de transport occasionnait un minimum de dépense, n'étaient pas bien différentes les unes des autres.

En effet, aux voyageurs de malle-poste et de diligence, dont le temps doit valoir, pour que la dépense soit un minimum (1), 3ʳ,00 — 1ʳ,375, — 1ʳ,175, — 1ʳ,00 par heure, on offre par les rail-ways actuels des places appropriées principalement aux hommes dont le temps vaut 3ʳ,36, — 2ʳ,72 et 2ʳ.08 l'heure. N'est-ce pas à bien dire la même société que l'on sert ? Aussi, que l'on prenne des positions au-dessus et au-dessous de ces chiffres pour en former une échelle sociale, et l'on verra que les multiplicateurs propres à chaque position, ne s'écarteront pas beaucoup des multiplicateurs moyens trouvés.

(1) Voy. page 111.

Mais s'il s'agit, à un moyen unique de transport, de substituer plusieurs moyens appropriés chacun à une classe différente de la société, il faut alors rechercher dans la clientèle de ce moyen de transport, les différentes classes de la société qui en font usage, afin d'appliquer à chacun le mode de transport qui lui est propre, et d'en déduire le multiplicateur donnant l'augmentation probable de la circulation.

Eclaircissons ceci par un exemple.

Les malles-postes sont le véhicule de l'homme dont le temps vaut 3^f l'heure. Cependant, il faut bien que celui qui estime son temps 10, 20, ou 30 fr., les prenne également pour voyager, puisque c'est, dans l'état actuel des choses, le moyen le plus perfectionné de locomotion.

Qu'à ces malles-postes on substitue un mode de transport qui appartienne plus particulièrement à l'homme dont le temps vaut 3^f,36, — et c'est ce que fait le chemin de fer, comparé au service de poste; — il n'y aura évidemment presque rien de changé pour les hommes dont le temps vaut 10, 20, ou 30 fr.

Mais supposons que le service de poste soit remplacé par trois services appropriés aux positions sociales représentées par des valeurs de temps de 30^f, — 8^f,64, — et 1^f,62 ; évidemment tous les voyageurs en malle-poste se déclasseront et se multiplieront en raison des facilités nouvelles qu'ils auront de voyager.

Il en est de même des autres services de transport.

Or, le nouveau système d'exploitation des chemins de fer remplacerait les quatre classes de voyageurs de la poste et des diligences dont le temps vaut 3^f,00, — 1^f,375, — 1^f,175, — et 1^f,00 l'heure par quatre classes dont le temps vaudrait 30^f, — 8^f,64 — 1^f,62 et 0^f,27, plus en rapport par conséquent avec la diversité des fortunes, et donnant des vitesses également plus appropriées aux mœurs des différentes classes de la société.

Quelle sera l'influence de cette nouvelle locomotion sur la circulation, en général? Il est probable qu'elle agira sur chaque classe, de la même manière que les chemins de fer actuels agissent sur la classe privilégiée, qui en jouit plus particulièrement.

Mais pour faire application à chacune de ces classes, de la loi de progression déduite dans la première partie, il faudrait un travail préalable impossible à faire, classant chaque voyageur en raison de la valeur de son temps. Ce travail serait impossible, en admettant même que l'on parvînt à connaître la fortune ou les ressources éventuelles de chaque homme qui monte dans une voiture, car il faudrait encore tenir compte des causes morales qui peuvent influencer sa détermination de préférer une locomotion rapide et chère à une locomotion économique et lente. On ne peut donc que se livrer à des conjectures à cet égard.

Sans exclure des diligences les hommes dont le

temps vaut moins de 0ᶠ,20 et plus de 2ᶠ,60 l'heure, il a paru convenable de classer entre ces limites les voyageurs qui entrent dans les trois compartiments d'une diligence. L'extension de cette échelle sociale ne serait d'ailleurs que favorable aux conclusions que nous aurons à tirer des prémisses que nous posons ; plus on s'écartera de la valeur de temps correspondant au minimum de dépense et plus le multiplicateur de la circulation sera élevé. Quant à restreindre ces limites, il faut encore moins y songer. Il suffit d'énoncer qu'elles équivalent à des fortunes de 600 fr. et 8 000 fr. de rente, pour être convaincu qu'elles sont bien posées.

Les voyageurs de malles-postes et de voitures de poste sont supposés compris entre les positions correspondantes à des valeurs de temps de 1 fr. à 30 fr., ou à des fortunes de 4 000 à 100 000 fr. de rente. Il est vrai qu'en France il y a fort peu de ces dernières fortunes ; mais il suffit, pour atteindre cette position, d'avoir momentanément et pendant la durée du voyage la valeur de temps correspondante, ce qui s'acquiert encore assez fréquemment dans les affaires.

Il est une autre classe de voyageurs très-nombreuse en France, que les chemins de fer atteindront à peine : c'est celle des ouvriers voyageant à pied. Lorsqu'ils sont occupés, leur temps vaut de 10 à 40 centimes l'heure ; mais lorsque arrive la morte saison et qu'ils rentrent dans leurs foyers, on peut dire que leur temps n'a presque plus de valeur. Leur amour de l'économie est tel qu'ils comptent pour rien la fatigue du voyage et les privations qu'ils s'imposent. Ils ne suivront donc la voie de fer qu'à la condition d'arriver au but de leur voyage en dépensant le moins possible d'argent. Or, pour un trajet de cent lieues, par exemple, les tarifs les plus bas leur prendront 24 fr., tandis qu'avec la moitié de cette somme ils feront le voyage à pied (1). Cette classe de voyageurs dépasse par le nombre la totalité des autres classes sur certaines routes : sur d'autres, elle est seulement égale ; mais rarement elle se trouve au-dessous.

Puisque les chemins de fer comparés aux messageries multiplient le nombre des voyageurs par six (2), les rail-ways, au mouvement moyen de 250 000 voyageurs, remplaceront donc des messageries au mouvement moyen de 42 000 voyageurs environ, se répartissant ainsi (3) :

1ʳᵉ classe..........	7 000
2ᵉ —	14 000
3ᵉ —	21 000
	42 000

Ou en faisant sur les états de circulation la correc-

(1) Des milliers de maçons, terrassiers et ouvriers en bâtiments de toute espèce, descendent chaque année des montagnes du centre pour travailler pendant 150 jours dans les grandes villes, et emportent à la fin de la campagne leurs économies, dont le chiffre ne s'élève pas à 150 fr. par homme. Croit-on que pour ces ouvriers il soit indifférent de dépenser 12 fr. de plus ou de moins deux fois par an, soit 24 fr., ou le sixième de leur pécule annuel ?

(2) Voy. page 122.

(3) Voy. page 98.

tion indiquée page 119, et prélevant sur le total le chiffre de la circulation en poste, qui est au minimum de 2 pour 0/0 sur toutes les routes :

Postes............	1 500
1ʳᵉ classe..........	6 750
2ᵉ —	21 750
3ᵉ —	40 000
	70 000

La circulation des piétons pouvant être considérée comme moyennement égale à celle des voyageurs en voitures suspendues, on en déduit un mouvement total de voyageurs à pied, de 70 000 hommes.

Avec ces données, nous avons dressé les cinq tableaux suivants, dans lesquels sont classés arbitrairement, il est vrai, les voyageurs des différentes catégories, d'après des valeurs de temps graduées. Le classement a été fait pour les voyageurs de diligence, en prenant à droite et à gauche de la valeur de temps pour laquelle la dépense est un minimum, un nombre égal de valeurs par progression arithmétique croissante et décroissante, à chacune desquelles on a appliqué un contingent de voyageurs, en raison inverse des valeurs de temps pour la progression croissante, et en raison directe pour la progression décroissante.

Ainsi, les 40 000 voyageurs de 3ᵉ classe ont été répartis en neuf catégories ayant des valeurs de temps de 0ʳ,20 à 1ʳ,80. La catégorie la plus favorisée par le mode actuel de transport, c'est-à-dire pour laquelle la dépense est un minimum étant celle dont la valeur de temps est de 1ᶠ, on suppose qu'elle fournit aussi le plus fort contingent de voyageurs. Ce contingent se trouve être les $\frac{7005}{40000}$ du nombre total.

On remarquera que la loi de répartition adoptée reporte les gros contingents vers la progression croissante, qui donne en même temps les plus petits multiplicateurs. Elle ne favorise donc pas autant notre système, que si l'on avait réparti les voyageurs en nombre égal, dans chaque catégorie.

L'on a porté dans la 3ᵉ ligne la dépense occasionnée à chaque voyageur par le mode de transport des grandes routes, et immédiatement au-dessous la dépense que lui occasionnerait le nouveau système d'exploitation de rail-way, avec la vitesse qui lui serait la plus favorable.

La ligne des quotients est le résultat de la division des deux nombres placés immédiatement au-dessus, dans la même colonne.

Enfin, la ligne des multiplicateurs, qui indiquent par quel nombre les voyageurs de chaque catégorie seront multipliés, est formée des carrés des quotients.

La ligne du nombre des voyageurs, suivant la formule, est le produit de la ligne de répartition des voyageurs par la ligne des multiplicateurs.

Quant aux voyageurs en poste, il est difficile d'admettre qu'ils suivent cette voie coûteuse, si leur temps ne vaut pas trois francs, limite au-dessous de laquelle le voyage en diligence est plus économique; on n'a en conséquence admis que des catégories en progression croissante de 3ᶠ à 30ᶠ de valeur de temps par heure.

Enfin, les piétons, ne rentrant dans aucune classe connue, on en a fait cinq catégories affectées de valeurs de temps de 0ᶠ,10, — 0ᶠ,20, — 0ᶠ,30, — 0ᶠ,40 et 0ᶠ,50.

(Voir les tableaux qui suivent.)

TABLEAU n° 1. — Répartition de 1 500 Voyageurs de malles-postes, suivant leur fortune.

	3f	6f	9f	12f	15f	18f	21f	24f	27f	30f
Valeur du temps par heure.............	3f	6f	9f	12f	15f	18f	21f	24f	27f	30f
Répartition des 1 500 voyageurs...........	512	256	171	128	103	85	73	64	57	51
Dépense par kilomètre, le tarif étant 0f,20 et la vitesse 15 kilomètres............	0f,40	0f,60	0f,80	1f	1f,20	1f,40	1f,60	1f,80	2f	2f,20
Dépense pour une vitesse de 100 kilomètres, le tarif étant de 0f,30...............	»	»	»	»	»	»	»	»	0,57	0,60
Id. pour une vitesse de 60 kilomètres, le tarif étant de 0f,144.................	»	0,244	0,294	0,344	0,394	0,444	0,494	0,544	»	»
Id. pour une vitesse de 30 kilomètres, le tarif étant de 0f,054.................	0,154	»	»	»	»	»	»	»	»	»
Quotients.....	2,60	2,45	2,72	2,90	3,05	3,15	3,24	3,33	3,50	3,66
Multiplicateurs ou carrés des quotients...	6,76	6	7,40	8,41	9,30	9,92	10,05	11,08	12,25	13,40
Nombre de voyageurs suivant la formule...	3461	1 536	1 265	1 076	958	843	766	709	698	683

3461
Voyageurs à la vitesse de 3o kilomètres.

7153
Voyageurs à la vitesse de 60 kilomètres.

1381
Voyageurs à la vitesse de 100 kilomètres.

TABLEAU n° 2. — Répartition de 6 750 Voyageurs de 1re classe de diligences, suivant leur fortune.

Valeur du temps par heure	0f,20	0f,40	0f,60	0f,80	1f	1f,20	1f,40	1f,60	1f,80	2f	2f,20	2f,40	2f,60
Répartition des 6750 voyageurs.	119	237	355	475	594	714	832	728	647	588	529	484	448
Dépense par kilom pour une vitesse de 10 kilom. et un tarif de 0,1375	0f,1575	0f,1775	0f1975	0f,2175	0f,2375	0f,2575	0f,2775	0f,2975	0f,3175	0f,3375	0f3575	0f,3775	0f,3975
Dépense pour une vitesse de 30 kil. le tarif étant 0,054.	»	»	»	»	»	»	0,1005	0,1073	0,114	0,1206	0,1272	0,1338	0,1405
Id. pour une vitesse de 15 kilom., le tarif étant 0,018.	0,0313	0,0446	0,0579	0,0712	0,0846	0,098	»	»	»	»	»	»	»
Quotients. . .	5,03	3,98	3,41	3,05	2,80	2,62	2,76	2,77	2,78	2,80	2,81	2,82	2,83
Multiplicateurs. . .	25,30	15,84	11,63	9,30	7,84	6,86	7,61	7,68	7,76	7,84	7,90	7,95	8
Nombre de voyageurs.	3011	3754	4129	4417	4657	4898	6332	5591	5021	4610	4179	3848	3584

24 866

Voyageurs à la vitesse de 15 kilomètres.

33 165

Voyageurs à la vitesse de 30 kilomètres.

TABLEAU n° 3. — Répartition de 21750 Voyageurs de 2ᵉ classe de diligences, suivant leur fortune.

	0f,20	0f,40	0f,60	0f,80	1f	1f,20	1f,40	1f,60	1f,80	2f	2f20
Valeur du temps par heure.	0f,20	0f,40	0f,60	0f,80	1f	1f,20	1f,40	1f,60	1f,80	2f	2f20
Répartition des 21 750 voyageurs.	521	1047	1572	2095	2620	3146	2693	2358	2096	1887	1715
Dépense par kilomètre pour une vitesse de 10 kilom. et un tarif de 0f,1175 par kilom.	0f,1375	0f1575	0f,1775	0f,1975	0f,2175	0f,2375	0f,2575	0f,2775	0f,2975	0f,3175	0f,3375
Dépense pour une vitesse de 30 kilomètres, le tarif étant de 0f,054 par kilom. . . .	»	»	»	»	»	»	0,1005	0,1073	0,114	0,1206	0,1272
Id. pour une vitesse de 15 kilom., le tarif étant de 0f,018 par kilomètre.	0,0313	0,0446	0,0579	0,0712	0f,0846	0f,098	»	»	»	»	»
Quotients.	4,39	3,53	3,06	2,77	2,57	2,42	2,56	2,59	2,61	2,63	2,65
Multiplicateurs.	19,27	12,46	9,36	7,67	6,60	5,85	6,55	6,70	6,80	6,90	7
Nombre de voyageurs.	10 040	13 046	14 851	16 069	17 292	18 404	17 639	15 798	14 253	13 020	12 005

<table>
<tr><td colspan="6" align="center">89 702</td><td colspan="5" align="center">72 715</td></tr>
<tr><td colspan="6" align="center">Voyageurs à la vitesse de 15 kilomètres.</td><td colspan="5" align="center">Voyageurs à la vitesse de 30 kilomètres.</td></tr>
</table>

TABLEAU n° 4. — Répartition de 40 000 Voyageurs de 3ᵉ classe de diligences, suivant leur fortune.

Valeur du temps par heure.	0ᶠ,20	0ᶠ,40	0ᶠ,60	0ᶠ,80	1ᶠ	1ᶠ,20	1ᶠ,40	1ᶠ,60	1ᶠ,80
Répartition des 40 000 voyageurs.	1 400	2 803	4 203	5 604	7 005	5 813	4 974	4 344	3 854
Dépense pour une vitesse de 10 kilomètres et un tarif de 0ᶠ,10 par kilom.	0ᶠ,12	0ᶠ,14	0ᶠ,16	0ᶠ,18	0ᶠ,20	0ᶠ,22	0ᶠ,24	0ᶠ,26	0ᶠ,28
Dépense pour une vitesse de 30 kilomètres, le tarif étant 0ᶠ,054 . . . . . . , ...	»	»	»	»	»	»	0,1005	0,1073	0,114
Dépense pour une vitesse de 15 kilomètres avec un tarif de 0ᶠ,18 par kilom.	0,0313	0,466	0,058	0,713	0,0846	0,098	»	»	»
Quotients.	3,83	3	2,75	2,52	2,29	2,24	2,39	2ᶠ,42	2,45
Multiplicateurs.	14,66	9	7,56	6,35	5,24	5,02	5,71	5,85	6
Nombre de voyageurs.	20 524	25 227	31 775	35 585	36 708	29 181	28 502	25 412	23 124

179 000
Voyageurs à la vitesse de 15 kilomètres.

76838
Voyageurs à la vitesse de 30 kilom.

TABLEAU n° 5. — Répartition de 70 000 Voyageurs à pied, suivant leur fortune.

Valeur du temps par heure..................	0f,10	0f,20	0f,30	0f,40	0f,50
Répartition des 70 000 voyageurs.............	30 702	15 350	10 233	7 675	6 140
Dépense par kilom., la vitesse étant 3 kilom. 1/3.	0,03	0,06	0,09	0,12	0,15
Dépense par kilom. la vitesse étant 15 kilomètres par heure et le tarif 0f,018................	0,0246	0,0313	0,038	0,0146	0,0513
Quotients.....	1,24	1,91	2,37	2,69	2,92
Multiplicateurs.....	1,54	3,65	5,62	7,24	8,53
Nombre de voyageurs par le chemin de fer.....	47 281	56 027	57 509	55 567	52 374

268 758

Voyageurs à la vitesse de 15 kilomètres.

Il résulte de ces tableaux, dans lesquels la circulation est aussi développée que possible, que les voyageurs au nombre de 757 039 se répartiraient ainsi :

1re classe.........	1 381
2e —	7 153
3e —	186 179
4e —	562 326
Total...	757 039

Le nombre primitif des voyageurs en voiture, qui est de 70 000, se trouverait donc ainsi multiplié par 10,8, au lieu de l'être par 3,6, facteur donné par les rail-ways actuels. Résultat étrange assurément, mais qui ne l'est pas plus que ne l'était le même résultat obtenu, il y a dix ans, sur le chemin belge.

§ V. — *Du mouvement des marchandises avec le nouveau mode d'exploitation.*

On ne doit pas s'étonner de voir les routes les plus fréquentées par les voyageurs, être également les plus suivies par les marchandises. Il n'y a, il est vrai, aucune corrélation entre les nombres indiquant la circulation en voyageurs et en marchandises ; mais on remarque, en général, que plus la locomotion est perfectionnée et économique, et plus le mouvement des marchandises est grand.

Aucune observation, jusqu'à présent, n'indique de quelle manière a lieu la progression du transport des marchandises; mais les canaux sont là pour prouver qu'elles subissent, comme les voyageurs, l'influence des tarifs.

Il n'est donc pas douteux que le bon marché des transports ne doive accroître également l'activité de la circulation en marchandises.

Toutefois, quelle loi pourrait suivre cet accroissement? et serait-elle uniformément applicable à toutes les natures de marchandises?

Si la dépense du transport formait toute la valeur de la marchandise, on pourrait jusqu'à un certain point supposer qu'il se trouverait des consommateurs en raison du bon marché, comme il se trouve des voyageurs en raison de l'économie des transports. Mais le prix de transport n'étant ordinairement qu'une fraction du prix de vente de la marchandise, ce prix n'aura d'influence sur l'écoulement des produits qu'en raison du chiffre pour lequel il entrera dans la valeur totale. Or, dans beaucoup de cas, le prix du transport est nul comparé à la valeur de la matière. Aussi est-il presque indifférent, quant à la consommation générale, que le transport du coton coûte 150 fr. par tonne, du Hâvre à Mulhouse, par le roulage ordinaire, au lieu de 50 fr. par un rail-way du nouveau système. Il est très-probable que l'usage du coton n'en serait pas plus répandu. Mais s'il s'agissait d'une matière de la valeur de 50 fr. par tonne, comme son prix se trouverait descendu, sur le marché, de 200 fr.

à 100 fr., il n'est pas douteux que son usage ne prenne une grande extension, peut-être dans la même proportion que l'accroissement de circulation des voyageurs.

Il résulte de tout ceci, qu'en réduisant de moitié le tarif des chemins de fer, pour le transport des marchandises, on ne multipliera pas par quatre le tonnage à transporter, comme on multiplierait par quatre le nombre des voyageurs. Cependant, le bas prix des tarifs ne serait pas sans effet, et l'on peut estimer, à cause des objets de peu de valeur, tels qu'engrais, matériaux de construction et autres qui aujourd'hui ne peuvent emprunter la voie de fer, que les 50 000 tonnes seraient triplées par la nouvelle voie, et produiraient 150 000 tonnes.

Ces 150 000 tonnes emprunteraient presque en totalité les trains les plus lents et les moins coûteux. Le temps, en effet, n'a pas de valeur pour les matières en général, et ce sera rarement par la vitesse qu'on déterminera leur déplacement (1).

(1) On a cependant émis une autre théorie sur la valeur du temps de toutes les marchandises. Avec les transports lents, il faut, dit-on, trois capitaux au lieu d'un pour faire le commerce. Un capital représenté par la valeur de la marchandise en magasin ; un second capital représenté par la valeur de la marchandise en route, exposé à toutes les chances de fluctuation dans le cours de cette marchandise ; enfin, un troisième capital représenté par la valeur de la marchandise fabriquée, et attendant la commande. Les intérêts de ces trois capitaux retombent sur la consommation et élèvent le prix de la marchandise.

Les transports rapides, en rendant, pour bien dire, nulle la durée du trajet, suppriment par ce fait le second capital. Mais de plus, le négociant, n'ayant plus à tenir compte du temps du voyage, pourra

Aussi, pour fixer les idées plus encore que pour donner une base exacte du trafic des nouveaux chemins, nous admettrons que les 150 000 tonnes se répartiraient ainsi, suivant la vitesse des transports :

VITESSE PAR HEURE.	TONNAGE ANNUEL.
100 kilom.	500 tonn.
60	1 000
30	1 500
15	7 000
7^k,50	140 000
Total....	150 000

livrer sa marchandise à la consommation presque aussitôt sa sortie du magasin de l'expéditeur. Il pourra donc laisser au fabricant le temps de confectionner ses produits, et ce dernier pourra se dispenser de les accumuler par avance dans ses magasins. Voilà encore la suppression du troisième capital opérée.

Malheureusement les choses ne se passent pas ainsi. La fabrication ne se trouve pas placée sous l'influence de la locomotion, mais bien sous l'influence du mouvement continu, exigeant qu'une manufacture marche régulièrement avec toutes ses machines et tous ses bras. Or, comme la consommation est capricieuse par nature, il sera toujours impossible à la production de la suivre dans ses écarts.

Le capital de la fabrication sera donc toujours nécessaire. Quant à celui de l'expédition, il n'est, pour bien dire, que fictif. Le mécanisme du crédit n'est-il pas là pour servir de lien entre le fabricant et le négociant? Eh bien ! le crédit coûte la valeur du temps de la marchandise, plus une commission égale à une fraction de cette valeur. Il suffit donc de comparer le prix du crédit au prix du transport pour savoir si la marchandise doit suivre une voie rapide ou une voie lente.

§ VI. — *Composition et poids bruts moyens des trains.*

Un élément indispensable à la détermination du travail de traction, c'est la connaissance du poids moyen des trains. Il ne suffit pas de connaître le tonnage total pour apprécier ce poids moyen, puisque, suivant la classe et la vitesse, chaque train aura un tonnage différent.

Le tonnage brut probable de chaque train est maintenant facile à déterminer, en supposant par jour deux séries de trains dans chaque direction. Il suffit en effet, pour cela, de diviser le nombre de voyageurs et de tonnes de chaque classe par 1 460, nombre des trains annuels, et de multiplier le quotient par le poids brut moyen déplacé par unité ; ce qui donne le résultat consigné dans le tableau suivant :

CLASSE des TRAINS.	VITESSE à l'heure.	NOMBRE MOYEN		POIDS BRUTS DÉPLACÉS		POIDS BRUTS des trains non compris les locomotives.
		de voyageurs.	de tonnes de marchandises	par voyageur.	par tonne.	
1re	100 kilom.	1	$0^t,34$	500 k	3 000 k	$1^t,52$
2e	60	5	$0^t,68$	400 k	2 600 k	$3^t,77$
3e	30	125	$1^t,02$	300 k	2 200 k	$39^t,75$
4e	15	385	$4^t,79$	200 k	1 800 k	$85^t,62$
5e	$7^k,50$	»	$95^t,89$	»	1 400 k	$134^t,24$

Ainsi se trouve justifiée l'hypothèse qui nous a servi, dans le second chapitre, à déterminer la force des machines, et dans laquelle les poids bruts se trouvent sensiblement plus élevés que dans le tableau précédent. Il ne faudrait pas, en effet, prendre une limite extrême et ramener tous les poids à cette limite. Le service en serait rendu trop difficile. Mais, avec les calculs adoptés, on serait sûr de faire face à tous les besoins du service. Les poids sont calculés avec les deux tiers de la charge seulement, de sorte qu'en augmentant le tonnage net de 50 pour 0/0, on ne dépasserait pas le chiffre prévu pour le tonnage brut.

§ VII. — *Frais d'exploitation.*

Les frais d'exploitation, avec le nouveau système, ne pourraient être bien connus qu'après son application. Cependant il a, avec l'ancien système, assez d'analogie, assez de points communs pour établir un état approximatif de ces frais. Rappelons que le service des intérêts du capital de construction est compris dans les dépenses ; car, tant que ces intérêts ne sont pas payés, nous n'admettons pas qu'une entreprise fasse ses frais.

Nous avons déjà divisé, dans la première partie, les frais d'exploitation en trois classes, comprenant : 1° les frais fixes ; 2° les frais variables, avec la circulation ; 3° les frais variables, avec le chiffre des recettes.

1ʳᵉ CLASSE. — Dans cette classe sont : 1° les frais d'administration générale qui ne changeront pas, et seront par conséquent de 1 200 fr. par kilomètre de longueur de chemin exploité (page 136).

2° La surveillance sera grevée de quelques dépenses relatives à la surveillance de nuit, affectées seulement aux points de la ligne sur lesquels les convois se croiseront par intervalles réguliers. Sur la ligne d'Orléans, où deux convois occupent la voie une partie de la nuit, les frais supplémentaires sont de 100 fr. environ par kilomètre de chemin. Ce supplément porterait la dépense totale à 1 500 fr.

3° Les frais de gare et de station, qui ne devront pas être sensiblement augmentés par un service de nuit, quand le service de jour ne devra pas être aussi assujétissant. En conséquence, cet article sera maintenu à 1 000 fr. par kilomètre.

4° Les intérêts de la dépense de construction, à raison de 4 pour 0/0, sur un capital de 200 000 fr., font 8 000 fr. par kilomètre.

Ces frais de 1re classe, montant ensemble à la somme de 11 700 fr., seraient encore à répartir sur les différents trains, proportionnellement à leur tonnage brut réduit à une même vitesse.

Or, cette réduction, à un kilomètre de vitesse, donne d'après le paragraphe précédent :

$$
\begin{array}{llll}
1° & 134^f,24 & \times\ 7,5 \ ^{kilom.} & = 1006^f,8 \\
2° & 85^f,62 & \times\ 15 & = 1284^f,3 \\
3° & 39^f,75 & \times\ 30 & = 1192^f,5 \\
4° & 3^f,77 & \times\ 60 & = 226^f,2 \\
5° & 1^f,52 & \times\ 100 & = 152^f \\
\end{array}
$$

$$\text{Total.....}\ 3861^f,8$$

Et attendu que tous les convois parcourraient le même nombre de kilomètres, les frais de 1re classe devront se diviser proportionnellement à ces chiffres, et donneront suivant les vitesses :

NATURE DES FRAIS.	VITESSE DES CONVOIS PAR HEURE.					TOTAL des frais par kilomètres.
	$7^k,5$	15 kilom.	30 kilom.	60 kilom.	100 kilom.	
Administration.......	$312^f,85$	$399^f,05$	$370^f,56$	$70^f,29$	$47^f,25$	$1\,200^f$
Surveillance	$391^f,06$	$498^f,82$	$463^f,20$	$87^f,86$	$59^f,06$	$1\,500$
Gares et stations.....	$260^f,70$	$332^f,54$	$308^f,80$	$58^f,58$	$39^f,38$	$1\,000$
Intérêts du capital...	$2085^f,60$	$2660^f,32$	$2470^f,40$	$468^f,64$	$315^f,04$	$8\,000$
Totaux. . .	$3050^f,21$	$3890^f,73$	$3612^f,96$	$685^f,37$	$460^f,73$	$11\,700^f$

2ᵉ CLASSE. — 1° L'entretien de la voie. La dépense à porter à ce chapitre dépendrait du profil du chemin. Mais en admettant, comme on l'a déjà fait, que le chemin soit composé par portions égales de parties de niveau et de pentes de 5, de 10, de 15 et de 20 millièmes, cette dépense ne serait pas de 3ᶠ,333 par kilomètre parcouru par une série de cinq trains.

Ces 3ᶠ,333 se répartiraient de la manière suivante sur les trains, en raison de leur vitesse :

VITESSE DES CONVOIS par heure.	Frais d'entretien de la voie par kilomètre de parcours.	Frais annuels pour deux séries de trains dans chaque sens.
7ᵏ,5	0ᶠ,769	1122ᶠ,74
15	1ᶠ,01	1474ᶠ,60
30	0ᶠ,94	1372ᶠ,40
60	0ᶠ,323	471ᶠ,58
100 kilom.	0ᶠ,291	424ᶠ,86
Totaux. . .	3ᶠ,333	4866ᶠ,18

Dans les mêmes conditions de tonnage et de profil de la voie, l'entretien coûterait au moins 10,000 fr. par kilomètre, avec le système actuel d'exploitation.

2° La dépense de combustible a été appréciée dans le premier chapitre. Elle serait de 100 kilogrammes par heure pour les trois vitesses inférieures, et de 60 kilogrammes pour les vitesses supérieures. En estimant le coke 5 fr. les 100 kilogrammes, on obtient pour la dépense, par kilomètre de parcours sur le chemin profilé, comme ci-dessus, et suivant les vitesses :

VITESSE DES CONVOIS par heure.	DÉPENSE de combustible par kilom. de parcours.	DÉPENSE ANNUELLE pour deux séries de trains dans chaque sens.
7^k,5	0^f,665	970^f,90
15	0^f,335	489^f,10
30	0^f,17	248^f,20
60	0^f,05	73^f,00
100 kilom.	0^f,03	43^f,80
Totaux. . .	1^f,250	1825^f,00

C'est-à-dire une dépense inférieure à celle qui se fait maintenant pour le service d'un tonnage trois fois moindre sur des chemins presque de niveau.

3° L'entretien des machines et leur renouvellement analysés aux paragraphes IV et V du 1er chapitre, donnent 0^f,995 de dépense par kilomètre de parcours, pour une série de cinq trains, soit annuellement 1452^f,70 par kilomètre de chemin, pour les quatre séries.

Ces 1452^f,70 se répartiraient ainsi, par kilomètre parcouru :

VITESSE des convois par heure.	Entretien des machines par kilom.	Renouvellement des machines par kilom.	DÉPENSE totale par kilom.	DÉPENSE annuelle.
7ᵏ,5	0ᶠ,265	0ᶠ,15	0ᶠ,415	605ᶠ,90
15	0ᶠ,175	0ᶠ,10	0ᶠ,275	401ᶠ,50
30	0ᶠ,115	0ᶠ,06	0ᶠ,175	255ᶠ,50
60	0ᶠ,05	0ᶠ,03	0ᶠ,08	116ᶠ,80
100ᵏ	0ᶠ,03	0ᶠ,02	0ᶠ,05	73ᶠ,00
Totaux	0ᶠ,635	0ᶠ,36	0ᶠ,995	1452ᶠ,70

4° Le salaire des chauffeurs et machinistes, proportionné au parcours quotidien et basé sur le salaire actuel, serait, par kilomètre et par an, conformément au paragraphe IV :

VITESSE DES CONVOIS par heure.	FRAIS DE CONDUITE par kilomètre.	DÉPENSE annuelle.
7ᵏ,5	0ᶠ,20	292ᶠ,00
15	0ᶠ,135	197ᶠ,10
30	0ᶠ,09	131ᶠ,40
60	0ᶠ,06	87ᶠ,60
100	0ᶠ,04	54ᶠ,40
Totaux. ...	0ᶠ,995	762ᶠ,50

17

Soit, pour vingt trains, une dépense à peu près égale à celle que donnent dix trains actuellement.

5° L'entretien des voitures ne changera pas et peut être apprécié d'après ce qui se passe aujourd'hui, par voyageur transporté à un kilomètre :

      1re classse 4/10 de centime.
      2e   —   3/10   —
      3e   —   2/10   —
      4e   —   1/10   —

Et par tonne de marchandise :

      Service de poste 5/20 de centime.
      1re classe...... 4/20   —
      2e   —   3/20   —
      3e   —   2/20   —
      4e   —   1/20   —

3° CLASSE. — Cette classe de frais comprenant, pour les voyageurs, l'impôt du dixième, les frais de perception et les frais généraux, et pour les marchandises, le pesage, le factage, le chargement, le déchargement, et les frais généraux, a été divisée en deux parties pour les chemins actuels. Il en est résulté que le transport des marchandises a été grevé d'environ un centime par tonne, au profit du transport des voyageurs.

Il serait peut-être plus exact d'estimer cette part de frais à un même taux pour une même vitesse, tant pour les voyageurs que pour les marchandises. Dans ce cas, considérant que plus le péage est élevé et moins cette nature de frais pèse sur la spéculation, on peut admettre qu'à la vitesse de kilom. 7,50, ils entreront pour 20 p. 0/0 de la recette ; à 15 kilom., pour 18 p. 0/0 ; à 30 kilom., pour 16 p. 0/0 ; à 60 kilom., pour 14 p. 0/0 ; et à 100 kilomètres de vitesse, pour 12 p. 0/0.

Rien de plus facile maintenant que d'établir le prix de revient du transport des voyageurs et des marchandises à un kilomètre de distance, suivant leur vitesse de marche. Il suffit, pour cela, d'établir le tonnage brut de chaque classe de transport, les voyageurs et les marchandises étant confondus dans une même vitesse. Ce tonnage brut se compose du nombre d'unités déplacées, multiplié par le poids brut déplacé par unité, ce qui donne pour la vitesse de :

$$
\begin{array}{llll}
15\ ^{\text{kilom.}} & 562326\ ^{\text{voy.}} \times 200\ ^{\text{kilog.}} = 112465^{\text{t}},20 \\
& 7000\ ^{\text{t}} \times 1800 = 12500^{\text{t}},00
\end{array} \Bigg\} \ 124965^{\text{t}},20
$$

$$
\begin{array}{llll}
30\ ^{\text{kilom.}} & 182718\ ^{\text{voy.}} \times 300 = 54815^{\text{t}},40 \\
& 1500\ ^{\text{t}} \times 2200 = 3300^{\text{t}},00
\end{array} \Bigg\} \ 58115^{\text{t}},40
$$

$$
\begin{array}{llll}
60\ ^{\text{kilom.}} & 7153\ ^{\text{voy.}} \times 400 = 2861^{\text{t}},20 \\
& 1000\ ^{\text{t}} \times 2600 = 2600^{\text{t}},00
\end{array} \Bigg\} \ 5461^{\text{t}},20
$$

$$
\begin{array}{llll}
100\ ^{\text{kilom.}} & 1381\ ^{\text{voy.}} \times 500 = 690^{\text{t}},50 \\
& 500\ ^{\text{t}} \times 3000 = 1500^{\text{t}},00
\end{array} \Bigg\} \ 2190^{\text{t}},50
$$

TABLEAU des frais de transport à un kilomètre de distance, d'un Voyageur ou d'une tonne de marchandises pour différentes vitesses.

VITESSE des transports à l'heure.	NATURE des TRANSPORTS.	1re CLASSE. Frais dépendant de la longueur du chemin.					2e CLASSE. Frais dépendant de la circulation.						3e CLASSE. Frais dépendant de la recette brute. Perception, impôts, chargement, déchargement, frais généraux.	TOTAL général des frais.
		Administration générale.	Surveillance de la ligne.	Gares, Stations.	Intérêts de la dépense de construction.	TOTAL.	Entretien de la voie.	Dépense de combustible.	Entretien des machines locomotives.	Salaire des machinistes et chauffeurs.	Entretien des voitures et wagons.	TOTAL.		
		cent.	cent.	cent.	cent.	cent.	cent.	cent.	cent.	cent.	cent.	cent.	cent.	cent.
7k,50	Marchandises	0,22	0,28	0,19	1,49	2,18	0,80	0,69	0,43	0,21	0,05	2,18	1,26	5,62
15k	Voyageurs...	0,06	0,08	0,05	0,42	0,61	0,23	0,08	0,06	0,03	0,10	0,50	0,32	1,43
	Marchandises	0,57	0,71	0,47	3,80	5,55	2,10	0,70	0,57	0,30	0,10	3,77	2,91	12,23
30k	Voyageurs...	0,19	0,24	0,16	1,27	1,86	0,76	0,13	0,13	0,07	0,20	1,29	0,86	4,01
	Marchandises	1,47	1,81	1,20	9,87	14,35	5,50	0,98	1,00	0,53	0,15	8,16	6,33	28,74
60k	Voyageurs...	0,51	0,64	0,42	3,41	4,98	3,42	0,54	0,84	0,66	0,30	5,76	2,01	12,75
	Marchandises	3,40	4,20	2,80	22,50	32,90	22,70	3,50	5,64	4,20	0,20	36,24	12,09	81,23
100k	Voyageurs...	1,10	1,38	0,94	7,60	11,02	10,25	1,01	1,74	1,30	0,40	14,70	3,60	29,32
	Marchandises	6,40	8,00	5,27	42,00	61,67	56,64	5,80	9,80	7,28	0,25	79,77	21,60	163,04

Si, dans ce tableau, les frais de transport ne suivent pas rigoureusement le rapport des poids et des vitesses, ils ne s'en écartent pas du moins assez, pour que les différences ne puissent être attribuées aux variations des effets destructifs dues à des locomotives variées de forme et de dimension.

Au reste, le compte des recettes et des dépenses du nouveau système de rail-way s'établit ainsi par kilomètre :

RECETTES.

1381 voyageurs de	1re classe à	30f,00 l'un	414f,30	
7155 —	de 2e —	à 14,40 l'un	1030f,03	
182718 —	de 3e —	à 5,40 l'un	9866,77	
562326 —	de 4e —	à 1,80 l'un	10121,86	
500 tonnes de dépêches		à 180,00 l'une	900,00	
1000 ton. de march. 1re classe à		86,40 l'une	864,00	
1500 —	2e —	à 39,60 l'une	534,00	
7000 —	3e —	à 16,20 l'une	1134,00	
140000 —	3e —	à 6,30 l'une	8820,00	

Total. . . 33744f,96   33,744f,96

DÉPENSES.

1381 voyageurs de	1re classe à	29f,32 l'un	404f,90	
7155 —	de 2e —	à 12,75 l'un	812,00	
182718 —	de 3e —	à 4,01 l'un	7326,99	
562326 —	de 4e —	à 1,43 l'un	8041,26	
500 tonnes de dépêches		à 163,04 l'une	815,20	
1000 ton. de march. 1re classe à		81,23 l'une	812,30	
1500 —	2e —	à 28,74 l'une	431,10	
7000 —	3e —	à 12,23 l'une	856,10	
140000 —	4e —	à 5,62 l'une	7868,00	

Total. . . 27368f,25   27368f,25

Bénéfice. 6376f,71

Soit 3,486 pour 0/0 du capital qui produira par

conséquent 7,186 pour 0/0, au lieu de 2,977 trouvés avec l'ancien système.

Il est à peu près inutile de faire observer que si le rapport des bénéfices avec les dépenses n'est pas le même pour toutes les classes et pour toutes les natures de transport, les différences proviennent de causes difficiles à apprécier. La pratique ferait disparaître ces inégalités à la première application, au moyen d'une légère variation dans les tarifs.

Et encore l'on admettra bien qu'en supposant un profil de chemin présentant, par longueurs égales, des parties de niveau et des pentes de 5, de 10, de 15 et de 20 millièmes, l'on a accepté des conditions aussi difficiles que possibles. Dans les localités où le terrain permettrait d'établir les chemins dans leurs conditions actuelles, les frais seraient réduits de 4 000 fr. sur l'entretien de la voie, la consommation du combustible et l'entretien des machines, ce qui porterait le dividende à 9 pour 0/0.

Ce ne serait là encore, dira-t-on, qu'un résultat ordinaire à peine digne des efforts des capitalistes.

Notre but n'a pas été de présenter un moyen infaillible d'enrichir les compagnies de chemin de fer aux dépens du public, mais seulement d'empêcher le plus grand nombre de se ruiner. Enfin, de faire qu'avec un capital donné, la France ait deux fois plus de chemins de fer servant au déplacement d'un nombre de voyageurs six fois plus grand et au transport d'une quantité de marchandise également six fois plus grande, et cela tout en donnant un dividende trois fois plus fort. Tel est le résultat que nous nous sommes proposé de présenter comme possible à atteindre, et qui serait certainement encore plus désirable dans l'intérêt des populations laborieuses, de la gloire et de la richesse du pays, que dans l'intérêt des actionnaires de chemins de fer.

CHAPITRE IV.

Conclusion.

Ce n'est pas sans de nombreuses hésitations que nous nous sommes laissé aller au rôle de critique, dans une matière chaque jour traitée par des hommes d'une expérience et d'un savoir consommés. Mais en voyant comment une même question présentée sous des aspects différents, conduit à des conclusions toût opposées; en voyant la préférence accordée par les uns à la voie de fer sur la voie d'eau, par les autres aux canaux sur les rail-ways, nous nous sommes pris à douter; et un examen consciencieux nous a prouvé que si les canaux sont supérieurs aujourd'hui aux chemins de fer, comme voie de transport des matières pondéreuses, le temps n'est peut-être pas loin, où un progrès dans le système des rail-ways rendrait les canaux tout-à-fait inutiles.

Nous croyons avoir suffisamment prouvé, en effet, que la supériorité des canaux sur les chemins de fer est due tout entière aux imperfections de la locomotive. Ces imperfections exercent leur influence, non-seulement sur le tarif du transport, mais encore sur tous les détails de la construction et de l'exploitation des chemins de fer. Elles sont telles, que nous en avons vu ressortir la plus grande gêne, pour établir le service du transport des marchandises, et qu'en Angleterre on pense sérieusement à construire, sur les grands courants commerciaux, des chemins à petite vitesse, parallèles aux chemins à grande vitesse ; notamment entre Newcastle et Londres.

Il y a donc tout lieu de croire qu'un système de locomotion, qui concilierait à la fois les intérêts de la locomotion à grande vitesse et ceux de la locomotion à petite vitesse, conduirait à la suppression de la navigation artificielle.

S'il en doit être ainsi, si partout où il existe un canal, on doit dans un avenir prochain lui substituer un rail-way, pourquoi continuerait-on l'exécution des canaux ? pourquoi les économies de la France iraient-elles s'engloutir dans des entreprises improductives ?

Pour que ces dépenses ne restassent pas improductives, il faudrait que les canaux impuissants à soutenir la concurrence de la voie de fer, même après la suppression du péage, qui consommerait une criante injustice envers les soumissionnaires des entreprises de rail-ways ; il faudrait, disons-nous, que les canaux fussent propres à autre chose qu'au transport des marchandises, et que changeant de rôle, ils aidassent à les fabriquer au lieu de servir à les transporter : il faudrait qu'ils devinssent biez d'usines. Mais qui ne sait que, pour satisfaire aux nombreuses exigences du tracé d'un canal, il faut non-seulement sacrifier des usines sur la ligne qu'il doit suivre, mais s'écarter souvent des conditions vitales de la fabrication, en transportant loin des centres de population les chutes d'eau disponibles ?

Les partisans des canaux disent, il est vrai, qu'à tout prendre ces travaux rendent assez de service à l'agriculture pour que l'on n'ait pas à s'inquiéter s'ils sont établis dans les meilleures conditions relativement aux forces motrices, ou même s'ils devront cesser un jour de remplir l'office de voie de transport. Mais, sous ce point de vue encore, il est facile de s'assurer que, si les canaux de navigation peuvent accidentellement servir à l'irrigation dans quelques parties de leur parcours, ils ne remplissent pas du moins les conditions les plus essentielles à l'économie agricole. Souvent, en effet, le mal est à côté du bien, et pour quelques parcelles de terre améliorées par le passage d'un canal, beaucoup d'autres parcelles sont au contraire dépréciées, sans qu'il soit possible d'y porter remède. D'ailleurs considérés comme canaux d'irrigation, les canaux de navigation n'eussent-ils que le défaut d'être quatre fois trop coûteux, que ce serait là encore un vice intolérable.

Dans l'état actuel de la question des voies de communication, s'agite donc un grand problème qui intéresse le pays tout entier. Les chemins de fer et les canaux de navigation feront double emploi s'ils présentent les mêmes avantages ; leur création simultanée serait par conséquent une faute comme le serait celle de deux voies de fer parallèles. Mais si l'une de ces voies doit l'emporter sur l'autre, rien ne saurait justifier désormais la construction de nouveaux canaux qui, mauvais comme moyens de transport, seraient insuffisants comme canaux d'irrigation ou biez d'usines. Qu'on ne dise donc plus qu'importent les progrès des chemins de fer, puisque la construction des canaux intéresse l'agriculture et l'industrie manufacturière, et favorise en même temps l'amélioration du régime de nos rivières. — Les progrès futurs des rails-ways, au contraire, importent beaucoup, et il est d'un grand intérêt de les hâter, car les canaux de navigation ne peuvent, à l'époque où nous sommes parvenus, satisfaire ni aux besoins de l'agriculture, ni à ceux de l'industrie manufacturière, et souvent ils jettent le trouble dans le régime des rivières au lieu de l'améliorer.

Ces progrès importent encore tellement sous le point de vue financier, qu'il y a lieu de s'étonner qu'avant d'entreprendre la construction d'un aussi grand nombre de lignes, on n'ait pas cherché à le réaliser, en faisant un appel à l'industrie nationale.

L'on a pris en France la science de la construction des chemins de fer au degré de perfection où l'ont portée les Anglais, et l'on s'est contenté d'en faire des applications, sans tenir compte de la différence des points de départ. Tandis qu'en Angleterre les moyens de transport, remplacés par les chemins de fer, coûteraient deux fois plus qu'en France, le fer et la houille y sont moins cher, ce qui permet d'établir des tarifs plus élevés, bien que la plupart des dépenses d'exploitation soient moindres. Dans de telles conditions qui sont communes à quelques États du continent, l'industrie actuelle des chemins de fer peut prospérer chez nos voisins et n'être nullement appropriée à nos ressources et à nos besoins.

Que résulte-t-il d'un tel état de choses, à part l'accroissement de dépense nécessité par l'achèvement du réseau des voies navigables ? C'est qu'un grand nombre de localités de notre belle France seront dépourvues de rail-ways et devront rester presque étrangères au mouvement rapide que cette invention ne peut manquer d'imprimer à toutes les branches d'industrie. Tandis que les puissances voisines bordent notre frontière d'une ceinture de fer, à peine y aboutirons-nous par quelques points, nous laissons ainsi la défense du territoire national dans un état d'infériorité relative, qui nous donnera peut-être un jour des regrets trop amers. On ne saurait enfin se dissimuler que le rail-way ne soit un puissant agent de civilisation ; ses effets seront d'autant plus énergiques et féconds, qu'il aura été mieux approprié aux besoins des peuples. C'est assez dire que la prospérité, la puissance et la gloire de la France peuvent dépendre un jour de la manière dont elle aura compris l'invention des chemin de fer.

FIN.

TABLE DES MATIÈRES.

FIN DE LA TABLE.